中欧案例精选 | 08

社会责任
企业发展的助推剂

Social Responsibility
The Booster of Enterprise Development

芮萌 朱琼 编

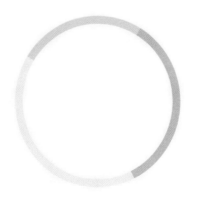

复旦大学出版社

丛书序一

中欧国际工商学院院长、管理学教授
李铭俊

讲好"中国故事" 助推管理实践

案例教学在商学院的教学体系中有着举足轻重的作用，除了管理理论之外，教学案例也许算是商学院最大的资本。自20世纪初哈佛大学商学院将案例教学法引入管理教学的课堂后，案例教学法就逐渐受到全美乃至全世界管理教育界的重视。相较于传统教学法，案例教学目前普遍被认为教学效果更为生动有效——据不完全统计，案例教学在管理教育最为发达的美国顶尖商学院的教学组成中占比均在30%以上，而哈佛大学商学院更是使用全案例教学。

中欧国际工商学院自建校伊始就非常重视案例的开发和教学使用，也取得了很好的教学效果。与全球大部分商学院一样，在过去很长的一段时间里，我们的教学案例大多来自哈佛等西方优秀商学院的案例库,这一方面是由于尚处于起步阶段的中国商学院有必要学习世界顶尖商学院的先进经验,另外一方面也是因为我们并没有足够多足够好的自主开发的成熟案例——尤其是体现"中国经验"的案例——能够在课堂中使用。

然而,随着近些年来中国经济的逐渐成熟和体量的扩大,越来越多的国外企业进入中国市场,更有越来越多的中国优秀企业进入世界的视野。尤其是自2014年中国成为资本净输出国以来,中国主题的案例需求越来越大。为应对迅速发展的经济趋势和商业模式,就需要我们及时开发与更新一些更贴近时代的案例,尤其是反映中国商业情境、总结中国环境下的商业实践和企业文化,包括经验和教训的中国主题案例,以满足中国商学院乃至全世界管理教育的需要。

中国的企业管理有其特殊性。由于快速变化的经营环境和有别于西方的文化特性,很多西方企业的管理思想和经验未必适用于中国企业,中国企业家或者在中国工作的国外企业家也往往会遇到在西方不曾遇到过的决策情境。因此近年来,全球各大商学院都提高了对中国主题案例的关注,几大著名的案例库也都加大了对中国主题案例开发的投入,以便在课堂中多使用中国主题的案例;而作为中国本土商学院之重要代表的中欧国际工商学院,自然更加责无旁贷,理应全力以赴地讲好"中国故事"。这不仅是为了满足中欧自己的教学需求,也是希望通过案例为世界多提供一个了解中国的窗口,通过以案例教学为特色的管理教育,助推国家经济建设和企业转型进程。

中国主题案例开发的时间不长,但影响力正逐步扩大。

在上海市政府和市教委的支持下,以及各兄弟院校的积极参与和配合下,由中欧案例中心承办运营的"中国工商管理国际案例库"(ChinaCases.Org)如今已收录中国主题案例1 000多篇。从中欧的课堂来看,这些中国主题案例都取得了不错的教学效果,甚至有赶超哈佛案例使用量的趋势,这在过去几乎是不可想象的。同时,我们也在不断摸索更好的案例使用方法,比如与企业管理层的深入交流、请企业管理人员加入课堂讨论,乃至企业进行实境教学,等等,以期让学员尽可能多地接近和见识真实商业决策,积累相关经验,达到最好的案例学习效果,进而能对管理实践产生更大的影响。

本丛书所收录的案例,均为中欧教授和研究员开发的各种管理主题的案例精选,并经过多次课堂检验,得到了广泛的欢迎与好评。如今渐次汇编于各主题分册下,与读者共享,也意于助推案例在更广泛的管理教育和实践中发挥更大的作用,让更多人受益。中欧将一如既往,投入更多力量,开发更好的案例,奉献社会与读者!

丛书序二

中欧国际工商学院名誉院长（欧方）
佩德罗·雷诺（Pedro Nueno）

案例是管理研究的基石

彼得·德鲁克先生是管理学界的泰斗级人物。我曾有幸向先生讨教案例教学法在管理教育中的应用，他对我说："这就好比一些大学附属医院——医院与医学院密切合作。在波士顿这座城市，有许多一流的医院，也有不少顶尖的大学，自然不乏这类大学附属医院。医院的医生同时也是大学教授，在某个医学领域颇有建树，论文见诸知名医学期刊，既治病救人，又教书育人，并参与科研活动。借助这样的双重身份，他们有机会将学生带到医疗一线，让他们了解患者病情与治疗方案，掌握分析数据，参与讨论下一步的诊疗计划。"

德鲁克先生认为，管理学教授应该与医学教授一样，将真实的商业案例带入课堂，探讨管理问题，激发互动式学习，促使学生交流思想，发挥创造力，操练各种管理工具（资产负债表、损益表、现金流分析等）。

我曾是一家铁路公司的技术架构师，后加入IESE商学院做研究助理，帮教授写案例。我非常感激这位教授，在他的帮助与指导下，我不仅掌握了案例写作技巧，还目睹他如何在课堂还原企业情境，展开激烈的课堂讨论，得出一些有趣的结论。我暗下决心，自己也要成为一名教授。后来，我进入哈佛商学院攻读博士学位课程。为支付学费，我重拾旧业，成为哈佛一位知名教授的研究助理。于是，我又开始了案例写作。这是一段非常难忘的经历。为搜集案例素材，我曾坐上柯达公司总裁的私人飞机，在从纽约飞往罗彻斯特（柯达总部所在地）的两个小时里，我与这家国际知名企业的大老板面对面交流，这虽令我紧张不已，但也收获满满。一直以来，我都对案例教学法非常感兴趣，写过关于不同国家与行业近200个案例。

"中欧案例精选"丛书汇集了一系列高水准的中国企业案例，能为此丛书作序，我深感荣幸。此书的付梓，凝聚了中欧案例中心各位同仁的心血。那位哈佛教授——我昔日的老板也曾说过，案例不仅是管理课程的基本构成要素，也是管理研究的基石，只有一流的管理学院才能够不遗余力地将企业实况搬进课堂，追踪事态发展，着眼现实经济环境，要求学生课前研读案例需求，课上认真讨论，进而达到理想的学习效果。本书将有助所有这些目标的实现。

丛书序三

中欧国际工商学院案例中心主任、朱晓明会计学教席教授
陈世敏

聚焦中国问题　坚持国际标准

案例教学的实质在于模拟真实的商业环境和管理决策，学员可以身临其境地分析问题、提出解决方案。通常一位MBA学员在商学院要学习数百篇不同主题的案例，模拟数百家企业的管理实践，这在一定程度上能快速提升学员运用管理知识的能力、加强对管理智慧的体会。

中欧国际工商学院案例中心（以下简称中欧案例中心）自2001年成立以来，以开发中国本土管理案例为己任，同时注重案例开发的国际规范，所开发的各类主题案例在中欧课堂上受到了学员欢迎。自2013年开始，中欧案例中心的角色和功能进行了全面转型升级，目前肩负三项任务：第一是支持中欧教授开发更多关于中国工商管理问题的高质量教学案例，

引领教学与研究创新;第二是在上海市政府的支持下,承担"上海MBA课程案例库开发共享平台"项目的建设任务,与上海多家知名商学院一起,共建、共享、共赢,促进案例方法在管理学习、教育与培训领域的应用,致力于提升上海地区的管理教育水平并辐射全国;第三是运营"中国工商管理国际案例库"(ChinaCases.Org),聚焦中国问题、坚持国际标准,将其建设成为高质量的"中国管理问题"教学案例首选库,推动中国社会与经济的发展。

为了更好地服务于中国工商管理教育与培训,中欧案例中心从2017年开始,每年定期出版3—4本案例集,集合为"中欧案例精选"系列丛书。丛书中每本案例集都聚焦于某个管理热点问题,精选中欧近年开发的相关案例,以供广大管理实践者、学习者、研究者和知识传播者参考。这些案例都是原汁原味的中欧课堂案例,经过了中欧课堂多次教学使用,启发了众多中欧学员,也改变了不少企业的管理实践。随着丛书的持续出版,在精选案例的基础上,我们也邀请了熟悉具体决策情景的中欧学员、对案例主题深有研究的专家学者等对每篇案例进行了点评。这些点评有助于读者理解案例,并为读者提供了思考案例所涉决策问题的不同视角。

中国本土案例的开发和教学离不开企业的协助和支持。在开发本土案例的过程中,不少企业家和管理者为我们提供了宝贵的帮助,为案例作者慷慨地敞开了企业的大门,无私地奉献了个人或企业的经历、商业智慧、经营困惑等,为中欧课堂的案例教学增添了独特的体验,为中欧的学员提供了无价的学习机会。在本丛书编写过程中,我们也得到了中欧学院领导、教授和案例开发团队的大力支持。中欧经管图书和复旦大学出版社为本丛书的顺利出版付出了心血和努力。在此,感谢每位对本丛书出版作出贡献的企业家、管理者、教授、案例研究员、学员及编辑等,也希望各位读者在阅读过程中有所收获!

Contents

目 录

导言　001

穆墩岛农村淘宝服务站：梦想照进现实　009

阿里巴巴集团于2014年启动了"千县万村计划"，大力发展"涉农电商业务"，位于江苏西北区域的泗洪县积极响应这一项目的号召，充分调配各方资源推进村淘项目。穆墩岛服务站是泗洪县选择的村淘点之一，在回乡创业的农村淘宝合伙人田千春的带领下，收获了活跃的网购佳绩。穆墩岛农村淘宝服务站案例体现了阿里巴巴在农村电商商业模式方面的创新，为战略型CSR提供了富有解释力的注脚。

**点评：用数字化精准扶贫：穆墩岛农村淘宝服务
　　　站／吴未央　019**

兴全基金：金融的温度　022

兴全基金具有明确的价值观和投资理念，将企业社会责任融合进产品线，参与编制了首只跨沪深两市的社会责任指数，且通过自身的专业能力帮助同行和客户，提示基金持有人市场泡沫、为中小股东维权。这些实际行动使得该基金"鹤立"于同行业的诸多基金中，明显的差异化成就了其独特的企业价值，树立了企业社会责任与公司行为结合的典范。

点评：CSR 的产品创新力/郭荣滨　046

3 猪八戒网：不忘初心　049

猪八戒网是"互联网＋"时代诞生的基于人才共享的服务交易平台，通过赋能、设立透明交易规则，帮助服务商做阳光生意、做大生意，从而反向让猪八戒平台的交易频率、交易规模不断扩大。猪八戒网帮助政府改善中小企业经商环境，政府反哺以当地独特的优势资源和政策使之壮大。不忘初心的猪八戒网是企业的商业价值和社会价值结合得比较好的案例。

点评：商业和社会价值兼备的企业才能持续/
　　　邓三红　081

4 爱回收：让商业与社会责任共振　083

爱回收以回收二手 3C 产品为主营业务，建立了标准化回收、合规化后端管理的商业模式，并且每年拿出近千部回收产品捐赠给山区教育类基金会来帮助改善贫困地区的教育设施，发起并慈善投入了关爱血铅儿童公益活动。爱回收案例体现了二手手机回收价值链的创新商业模式，该企业在培养良好企业品行的同时承担了企业的社会责任。

点评：抓住 CSR 的商机/赵亦旻　111

5 南自电网：社会责任从善待员工开始　113

南自电网是一家合资经营、专注于满足市场对电网自动化产品需求的公司。该案例描述了南自在高度重视并努力践行企业社会责任的过程中，首要考虑到了人这一社会经济发展的至关重要因素，从善待员工开始，在生活保障、工作保障、提升认同感和归属感、救助保障和爱心传递、塑造荣誉感方面激励员工。在倡导节约资源、绿色生态环境共享的大环境下，南自还提出了"绿色供应链"的概念，在企业实现利润的同时不断坚持可持续的发展路径。

点评：社会责任从善待员工开始/黎瑞奕　136

目 录

朗诗履行战略性企业社会责任　139

朗诗除了是一家房地产公司以外,还是综合性绿色开发运营商和生活服务商,其发展战略始终坚持绿色环保、以人为本,通过清晰定位企业价值观、明确企业社会责任以及对利益相关方的影响,形成了公司差异化的战略方向,致力打造纵向多元化的生态体系。该案例主要描述了企业家田明多年来在房地产开发和经营方面不断倡导绿色地产理念,勇于担当企业社会责任,尽管在此过程中企业在竞争力和业绩增长方面有些许遗憾,但这丝毫不妨碍朗诗在房地产行业绿色供应链的推动方面所做出的突出贡献。

点评:CSR战略与公司业绩增长应相辅相成/ 肖　燕　186

天然工坊:创业中的企业社会责任作用　189

天然工坊作为移动电商平台,以天然的环保理念作为出发点,通过社交网络的口碑和共情分享建立起信任的纽带,满足消费者对健康生活用品的迫切需求。该案例描述了创始人苏路江团队在企业发展中始终坚守企业家个人伦理道德的选择,自创业之初一直奉行坚守诚信、做好产品、百分之百纳税和不负债经营的价值观,由此凝聚和激励员工团队,增加员工的幸福感和创造力。在环保和公益方面,始终践行低碳环保生活的理念,履行企业社会责任。

点评:企业家的伦理道德是决定企业履行CSR的关键/陈　琛　211

蒙草生态:融合企业社会责任的生态修复者　213

蒙草生态作为一家以"草"为业的科技型生态企业,在驱动业务发展的过程中,始终坚持尊重生态、师法自然、节约生态资源的原始价值观,把企业社会责任与经营目标进行结合统一,坚持初心,创造企业和社会的共享价值,继而为企业带来了可持续的竞争优势。该案例描述了企业家王召明通过不断加大科研投入,致力于打造企业的核心竞争力,而非简单地追求利益最大化,最终社会、市场、客户、公司、股东形成了共享价值圈,实现了商业和社会责任互利互助。

点评:CSR是企业可持续发展的动力/刘全芷　245

003

导 言

芮萌　中欧国际工商学院金融与会计学教授，中欧鹏瑞金融学教席教授
朱琼　中欧国际工商学院资深案例研究员

CSR 的真谛

由中国社会责任百人论坛、社会科学文献出版社主办的《企业社会责任蓝皮书(2018)》显示，尽管中国企业300强的社会责任指数从2009年的15.2分上升到2018年的34.4分，但近八成企业得分低于60分，处于三星级及以下水平，中国企业整体仍处于"起步者"阶段。

当中国已经发展成全球第二大经济体时，为什么中国企业履行企业社会责任（Corporate Social Responsibility，CSR）的水平仍然处在"起步者"阶段？最根本的原因在于，不少中国企业对CSR概念并不清晰，在他们看来，CSR就是做公益、做慈善，因此，这是大企业应该履行的责任，处在创业初期或中期的企业完全可以不用考虑。

然而，事实果真如此吗？本书的内容显示，答案是否定的。事实上，CSR不只是做公益，它还有更大、更多的功效。

它不仅能提升企业文化内涵和品牌影响力，还能反哺企业核心竞争力和战略决策力，从而让企业在一个与社会、环境相融合的状态下实现可持续发展。

CSR 的定义

按照迈克尔·波特的定义，CSR 远非一项成本、一个约束条件，或者一种慈善行为，而是一个孕育机会、创新和竞争优势的源泉。波特认为，企业的成功和社会的福利之间并不是一个此消彼长的零和游戏。从战略角度看，如果企业把它们手中可观的资源、专业知识和洞察力投入到对社会有利的活动中去，那么 CSR 就有可能成为推动社会取得巨大进步的重要动力。而企业和社会是相互依存的，社会的进步必然会反促企业的成功。

为什么要履行 CSR

作为组成社会的一个分子，企业之所以要履行 CSR，不仅是因为要满足权利和义务的对等需求，还因为要维持并推动社会可持续的良性循环发展。

社会为企业提供了包括人力资本、法律体系、基础设施、卫生设施等多种资源。在很多情况下，企业缴纳的税收远远低于其利用社会资源所获取的收益，因此，企业需要向社会慷慨解囊，以表感恩；即便企业支付了可观的所得税，作为社会中的一个法律实体，企业也必须承担自己作为社会公民所应尽的责任。

导　言

与个人相比,企业的规模大,能获得的资源更多、权力更大。权力越大,责任越重。从这个角度而言,企业就是社会资源的管理者,因此,企业对资源的利用不仅要有利于当代人,更要惠及后代。企业应该对资源的可持续利用负责。

当今的现实社会,批量生产所带来的丰裕与过剩已成为基本状态,一方面人们从满足需要走向满足欲望,炫耀和囤积成为一种普遍社会现象,另一方面,产能过剩造成巨大的资源浪费和失业危机。与此相伴的是,全球气候变暖、资源匮乏、生态环境变差……

显然,这些变化带给企业的将是负面影响。比如,供水减少、原材料中断,温室效应以及干旱、地震和洪水等灾害,会给企业带来原材料短缺、运输网络破坏、生产停滞等经营挑战。

在社会环境变化的同时,来自客户、媒体甚至是政府的压力,也要求企业必须要履行社会责任。

随着85后、90后客户的崛起,环保、健康、安全等需求日渐突出,如果一家企业不能向这些客户呈现其满足需求的产品,那么,它的产品就失去了竞争力。另外,年轻客户的这些需求,也蕴含着新的市场机会,能捕捉到这些机会的企业,就能获得差异化竞争优势。

在这个社会,企业如果不履行社会责任,还会受到社会的谴责。当今的社交媒体无处不在,一旦企业或其商业伙伴有任何不良商业行为,比如不当的废物处置和宽松的工人安全标准,那么,任何人都可以将其披露在媒体上,并形成病毒式传播,企业品牌也因此受损。

监督企业的不仅有媒体,还有各种第三方评级机构。这些机构会向投资者提供企业在环境、社会和治理方面的报告。

此外，为履行《巴黎协定》和"十三五"规划的承诺，中国正在通过启动国家碳排放交易计划来为碳定价。因此，不追求环保的企业将很难持续发展。

如何选择 CSR 内容

企业履行 CSR 就是解决社会问题的过程。不过，没有一个企业会有足够的能力和资源来解决所有的社会问题，因此，它们必须选取和自己的业务有交叉的社会问题来解决，这样选取的目的是创造共享价值——既有益于社会，也有利于企业。只有能创造共享价值的 CSR，才能可持续地发展。

按照波特的说法，对于企业而言，社会问题分为三类，第一类是普通社会问题，这些问题虽然对社会有重要意义，但既不受企业运营的明显影响，也不影响企业的长期竞争力；第二类是价值链主导型社会问题，这些问题会受到企业经营活动的显著影响；第三类是竞争环境主导型社会问题，这些存在于企业外部运营环境中的问题会对企业竞争驱动力造成巨大影响。

某个社会问题具体归属哪个类别，会因业务单元、所处行业和经营地点而异。比如为社区服务在本书中的南自电网案例里，就属于第一类问题，因为社区服务对南自电网的企业运营和长期竞争力不会有太明显的影响，但在朗诗案例中，这就是第二类问题，因为社区人是做房地产的朗诗价值链的终端，服务好社区后，社区会对朗诗产品和服务做出积极反馈。

针对上述三类社会问题而履行的 CSR，被学术界定义为三种类型，分别为反应型、价值链主导型和战略型。

反应型CSR主要表现为做一个良好的企业公民,参与解决普通的社会问题,不求商业回报,比如救灾捐款捐物,员工志愿服务活动等。

价值链主导型CSR表现为企业减轻其价值链活动对社会造成的损害,比如妥善处理废物排放、节水节能等。实际上,这种CSR举措在带来社会价值的同时,也在为企业降低成本、增进运营效率。比如在本书中的朗诗案例中,朗诗对施工工地上材料节省、垃圾堆放和填埋等举措,都促进了其成本降低并提升了其施工效率。

战略型CSR则是寻找能为企业和社会创造共享价值的创新商业模式机会,包括价值链上的创新和竞争环境的投资。书中爱回收案例就呈现了针对二手手机回收价值链的创新商业模式,而穆墩岛农村淘宝服务站案例则体现了阿里巴巴在农村电商商业模式方面的创新。在履行战略型CSR时,企业还能在自己的核心价值主张中考虑社会利益,使社会影响成为企业战略的一个组成部分。比如书中的天然工坊案例,就将健康环保作为其所有产品的核心价值主张,而这一主张既能匹配社会可持续发展的要求,也能符合品质用户的需求,于是,天然工坊形成了一个良性循环的商业模式和战略。

上述三种CSR模式中,反应性CSR因为能给企业带来的收益非常有限,因此,行动也很难持久。而价值链主导型和战略型CSR因为均能创造共享价值,因此,都具有行动持久性。

企业选择CSR内容,首先要与自己战略定位相匹配。比如,定位于绿色科技地产的朗诗,选择打造绿色供应链就是一个明智之举。实际上,朗诗每年的CSR主题,都会呼应和支持当年的绿色战略阶段目标，2016年朗诗的阶段目标是寻找和加强与合作伙伴的合作以实施小股操盘战略，当年的CSR主题就是"价值共创"；2017年，朗诗战略实施相关多元化业务，当年的CSR主题就是"绿色引领"。

其次，选择CSR内容，还要与自己的能力相匹配。在书中的兴全基金案例中，兴全基金之所以能成为国内首只社会责任基金和绿色投资基金、之所以能两度向投资人发出风险预警，在于他们拥有一支技术能力很强的投资研究团队，此团队已打下了产品业绩良好的基础。同样，爱回收之所以敢进入不规范的二手手机回收产业链中并重塑产业链，在于他们之前创业以物易物C2C平台三年的能力积累。

最后，选择CSR内容，还要能开发出衡量CSR效益的指标。比如，定量描述节能减排所带来的成本下降或营收增加、大气及水质改善指标等，或者创新商业模式在市场份额、品牌认可度等方面的指标。

书中的朗诗，每年围绕其CSR主题都会拟定对应的衡量指标。每年CSR主题确立后，朗诗各位高管就要依据这个主题方向制定所辖业务当年的CSR工作计划，这个计划与业务工作计划并行，并沿业务条块逐层分解成具体业务模块的计划。CSR计划的主题方向是自上而下受集团CSR战略主题指导，但CSR计划所涉及的具体工作内容指标，则来源于具体工作，按照自下而上的流程制定：由具体工作人员先提出指标，再由主管领导一层层筛选，把跟当年业务相关并且能实现的指标挑出来，再返回基层由具体工作人员制定实施细则，然后提交上级审批确认，之后再交给战略部。战略部汇总了来自全企业的CSR指标后，还要根据当年以及今后几年业务战略，从集团整体角度进行筛选匹配最终确立指标。

CSR的执行和管理

当把CSR融入企业的价值链运营或者创新的战略和商业模式中后，CSR的执行就随着企业经营而同时展开，特别的，当企业将CSR融入企业文化和价值观中后，随着文化和价值观在企业的普及，CSR就会成为企业各层级人员决策所必然考虑的因素之一。

然而，如何将CSR融入企业文化和价值观中呢？首先，企业创始人必须具有足够的CSR理念，正如稻盛和夫所说："如果你真想经营好你的企业，那么一定要尽可能地让员工们感到幸福，尽量为社会做贡献，具备这种光明正大的大义名分非常重要……经营者自己必须遵守道德底线，拼命工作，认真经营，精益求精，持之以恒"。而本书中的案例企业创始人，比如天然工坊的苏路江、朗诗的田明、猪八戒网的朱明跃、蒙草的王召明等，都是怀着一颗利他利社会之心。

其次，创始人会带出一个拥有CSR理念的核心团队。这个团队将成为融合CSR理念的企业文化和价值观的有力传播者。

在营造了这样的企业文化氛围后，不少企业还设立了一个以创始人或CEO为主要负责人、下辖各业务模块负责人的CSR管理组织，自上而下推动CSR持续不断发展。这个管理组织被称为"可持续发展委员会"或"企业社会责任管理委员会"。

……

当中国不少企业还处在对 CSR 的茫然阶段时，本书中的案例企业已经或多或少在履行社会责任方面做出了一定的成就。如果你还不明白 CSR 的概念，如果你还不知道如何履行 CSR，那么，请走进本书，在这里，你将发现 CSR 的真谛。

1 穆墩岛农村淘宝服务站：
梦想照进现实*

2015年7月末的一天，穆墩岛随处可见的荷花已经盛开，田千春眺望着远处水天一色的美景，陶醉地吟诵着"接天莲叶无穷碧，映日荷花别样红"，想着晚上又可以回家抱大胖儿子，还有父母笑吟吟的脸，心里就美滋滋的，感觉自己简直幸福得想跳到湖里和鱼儿一起畅游。与一年多前自己只身一人在交通拥挤、雾霾笼罩的北京打拼，一年只能回去1—2次看望父母亲的生活相比，现在简直是生活在天堂里！而自从知道老婆怀孕之后，他就一直不安心，想方设法地找机会回家。

正巧，2014年10月底听在县里宣传部任职的小伙伴姜军说，阿里巴巴集团启动了"千县万村计划"，在3—5年内要投资100亿元，在中国建立1 000个县级运营中心和10万个农村淘宝的村级服务站，同时，一直在苦苦寻求加速发展地方经济之路的当地政府也非常支持，积极利用和加入"互联网+"的浪潮。泗洪县和半城镇政府已经着手启动与阿里巴

---

* 本案例由中欧国际工商学院教授芮萌、案例研究员谢淳共同撰写。该案例用作课堂讨论的题材而非说明案例所述公司管理是否有效。本案例稿主要信息息来自访谈和二手资料，相关信息来源均加以注明。

社会责任：企业发展的助推剂

巴的合作项目，并计划帮助其一起推广"千县万村计划"、招募合伙人。之后姜军把农村淘宝合伙人的招募书链接发给了田千春。收到链接的当晚田千春就毫不犹豫地在网上申请了，还拜托姜军在镇里也替他提交了一份，以确保万无一失。

不久，田千春就得到了回复，由于他有在物流公司担任信息技术助理的经验，同时又是穆墩岛原住居民的后代，熟悉且热爱穆墩岛，很快，阿里巴巴集团旗下的农村淘宝事业部就给他发出了录取通知。经过数次沟通了解后，田千春对于担任农村淘宝合伙人的信心满满的，2015年年初，他便辞去在北京的工作，高高兴兴地回家了。这次回家与以往不同，因为他不用再离开了，他将要在自己的老家开创新的事业！春节前后，田千春就到镇里参加阿里巴巴组织的农村淘宝合伙人培训，并开始穆墩岛服务站的筹备工作。

2015年6月5日，穆墩岛农村淘宝服务站正式开业，当天即实现网购金额34 000元，在泗洪县农村淘宝服务站中排名第三。随后，在6月18日年中大促活动中，穆墩岛服务站更是以286个订单、47万元的网购金额创造了活动期间全国"村淘"点订单数量第一、金额第二的成绩，穆墩岛村也因此位列全国10大"土豪村"之首。现在，村民们已经习惯到农村淘宝点购物，日均订单量在20件左右。

不过，田千春最近又有了新的烦恼：村民们已经好几次提出，要把岛上的农产品卖出去，但是苦于没有渠道、运输也不方便，请田千春替他们想想办法，也好让他们有出有进，增加收入。对此，泗洪县和半城镇政府非常赞成，有关领导正在想办法，他们也非常希望能利用好本县的天然优势和资源，为农民创造更多的收入。

1 穆墩岛农村淘宝服务站：梦想照进现实

阿里巴巴的"农村战略"

阿里巴巴于2014年9月在美国上市后，集团总裁金建杭曾经表示，涉农电商、大数据业务和跨境电商服务将成为阿里集团未来的三大战略发展方向。从涉农电商方面来看，继我国网购市场规模突破1万亿元人民币之后，城市网购市场增速日渐放缓，农村市场被认为将引领电商的下一轮增长。2013年，来自农村的网民为1.77亿，仅占总网民数量的28.6%，而中国的农村人口有8亿左右，增长空间非常大。

千县万村计划

尽管农村市场被看好，但是农村市场的特殊性也意味着阿里巴巴要在农民兄弟中做电商生意会碰到不少难题。阿里研究院院长高红冰指出，在消费方面，农村市场商业基础薄弱，农民消费需求无法满足；在生产环节，农村生产资料的产供销体系刚刚从封闭走向开放，商业流通效率低下，市场信息滞后，而这些成本最终几乎都由农民来承担；同样的，在销售环节，高附加值农产品的销售渠道还不通畅，农产品电商也存在"散、低、少"的问题。"这些问题的解决，既需要电商大平台的介入——提供技术、理念、商业生态资源的全面支持，也需要政府在基础设施建设、发展环境营造上积极作为，"高红冰说。[①]

[①] 李陆一、曲文学、刘玉敏：《浅议电子商务在农村经济社会发展中面临的挑战与机遇》（2016年5月25日），中国论文网，https://www.xzbu.com/3/view-7426419.htm，最后浏览日期：2019年6月25日。

社会责任：企业发展的助推剂

正是看到了电子商务对于农村发展的巨大社会和经济价值，阿里巴巴集团于2014年10月发布了其所制定的"农村战略"，提出了"服务农民，创新农业，让农村变美好"的目标。10月13日，阿里巴巴集团在首届浙江县域电子商务峰会上宣布，将启动"千县万村计划"，在3—5年内投资100亿元，建立1 000个县级运营中心和10万个村级服务站。这意味着，阿里巴巴要在今后几年以推动农村以线下服务实体的形式，将其电子商务的网络覆盖到全国三分之一强的县以及六分之一的农村地区。

如果说近几年在全国各地涌现出来的"淘宝村""淘宝县"是自发点燃的星星之火，那么这一次，阿里巴巴是有意识地布局和搭建暖房，以培养农村淘宝这颗新苗了。

农村淘宝项目的愿景和规划思路

农村淘宝的两大愿景是：第一，以互联网方式推动城乡一体化进程，即通过基础设施建设，打通到村的物流和信息通道，让农民在家中就可以零成本地享受到和城市居民一样的生活便利性，足不出户就能通过电子商务平台买到价廉物美的日用品、农资产品等。在这里需要特别指出的是，对于农民而言，可以直接从厂家采购生产资料从而降低成本，以及更进一步地，让农业产品可以通过互联网的平台卖到全国各地，这是非常直观的，因为可以直接增加农民收入，改善其生活。

第二，创造更多农村创业、就业的机会，即充分利用农村当地的媒体和各种宣传手段，营造回家创业的浓烈氛围，搭建创业舞台，提供创业扶植，让更多的年轻人返乡扎根农村，从而解决留守儿童、空巢老人等农村的民生问题。① 这个愿景目标的社会意义非常深远,因为中国在改革开放以后,农村的壮劳力进城打工已经形成了相当严重的社会问题,留守儿童、空巢老人等现象的存在无论对于家庭还是打工者个人而言都是非常痛苦的经历。与此同时,城市的日益拥挤和过度激烈的竞争、资源的过度消耗、很多行业的一哄而上和产能过剩、大城市房价高企和住房紧张、贫富差距有增无减等社会问题也日益严重。因此,从对整个社会的影响角度来看,如果能够实现更多的农村创业、就业机会,把越来越多的农村青壮劳力吸引回来,让他们留在家乡就业、创业,将能很好地解决诸多社会问题。

因此,阿里巴巴集团计划从2014年开始启动的农村淘宝项目可谓是利益多方的,该项目将在2015年进行全面布局。

同时,农村淘宝项目的整体思路则有四大规划:首先是买,重点在互联网＋基础设施,包括"两通道,一闭环",即由物流、信息流所构成的两通道,以及由安全交易所形成的一个闭环,由此完成在农村的淘宝服务站为村民进行代购。其次是人才,重点在互联网＋农人,简称为"松土壤,建平台",即在当地招募农村淘宝服务站的合伙人,并聚集一批带头人来推动淘宝村或各种灵活的经济体的形成,完成筑巢引鸟,形成良性循环的机制。再次是卖,重点在互联网＋农品,目标是双平台机制,即进行农产品的上行推广,建立上行网站,完成农村的O2O体验。最后是生态,重点在于互联网＋"三农",即建立生态服务中心,扩展农村淘宝服务站的外延,完成衣食住

---

① 资料来自阿里巴巴农村淘宝事业部北大区总经理等与媒体的研讨和PPT等内容。

行游娱购的一站式体验,实现农村人民生活方式和娱乐购物模式的转变。

泗洪县政府——阿里巴巴的战略合作伙伴

泗洪县地处江苏西北、淮河下游,东临洪泽湖,西与安徽接壤,位于长三角经济区和江苏沿海经济带交叉辐射区域,县域面积2731平方千米,人口107万,是中国著名的名酒之乡、螃蟹之乡、生态旅游之乡,也是苏皖边界一座快速崛起的现代商贸旅游城市。但是,与江苏省其他一些发展较快的市县相比,泗洪县还有很大的发展空间。同时,与中国所有的农村一样,泗洪县所属的23个乡镇、317个村,也存在着"空心化""空巢老人"和留守儿童等社会问题。多年来,如何为农民解决增产增收、稳定和持续发展地方经济等一系列问题是泗洪县政府首要关心的问题。

为推动当地经济的进一步发展,县政府在自身的治理方面做出了很多努力,进入互联网时代,更是结合网络推行了不少公开透明的制度。比如,县政府的各级领导要在政府官网上公布自己每天的日程安排,如去了哪里,做了什么等;只要是在上班时间,无论到哪儿,身上都要佩戴带有照片、姓名和职务的铭牌,以表明身份。

2014年10月,阿里巴巴集团宣布将启动"千县万村计划"后,泗洪县政府很快便确定与其形成战略合作伙伴关系;并成立了专项领导小组,由"一把手"挂帅,分管领导主抓,经信、商务等部门共同参与,确保阿里巴巴有要求,政府在第一时间就有回应、有措施、有落实。作为执行组长,县委副书记朱长途亲自召集工作推进会,还组织召开各乡镇党委书记、村居党支部书记会议。

在村淘点的选择上,县政府明确了严格的标准,并坚持"三个尽可能":尽可能集中连片,沿路沿线;尽可能人群聚集,以保证足够的购买潜力;尽可能农副产品丰富,以便于产品上行。在村淘合伙人的招募方面,则必须坚持"三个必须要":必须要全职,不能兼职;必须要有网购经验,懂电脑操作;必须要有事业心,不怕吃苦。同时,朱长途还亲自深入各个村点,实抓实做,对全县23个乡镇、317个村居的107万人口进行全民总动员:对所有候选村"村村查",所有合伙人"个个见",所有新开点"家家到",村点营业额"天天清"。他带领整个团队关注每个环节,做好每个细节,力求取得最好的效果。

针对过去政府部门普遍存在的官僚和繁文缛节、慢节奏多步骤的审批问题,泗洪县政府还提出要快字当头,以保证村淘项目的快速推进:政府各级部门充分调配各方资源,在场地、资金、人才需求等方方面面给予全力支持。针对农民对网络购物还比较陌生的情况,每周六晚上六点泗洪县政府还组织了"六六培训"。渐渐地,这样的培训从政府推动转变为社会自发,一大批淘宝讲师、网络创业成功人士纷至沓来,各级干部、大学生村官、家庭农场主、小企业主受益匪浅,纷纷表示在思想上、认识上得到了前所未有的提升。

泗洪县民众良好的参与度和接受度,推动了农村淘宝项目在当地的快速发展,并且已经探索出了"市场主导+自建平台+政府推动"的电商发展"泗洪模式"。伴随着农村淘宝的

社会责任：企业发展的助推剂

快速推进,泗洪的网络创业活力全面激发,很多年轻人回到了家乡,一时间网络创业开展得如火如荼。截至2015年7月底,村淘点已布点近50个。

在2015年的"618淘宝年中大促"活动中,泗洪县囊括了村居和6月村居总销量两项全国第一。7月9日,在浙江桐庐举办的第二届中国县域电子商务峰会上,泗洪县作为先进代表作了交流发言,并荣获"农村淘宝全国优秀示范县"的称号。

穆墩岛——梦想照进现实

穆墩岛位于江苏省泗洪县半城镇境内,面积1.96平方千米,岛上生活着150多户人家,以水产养殖为主,是中国第四大淡水湖洪泽湖中最大的岛屿,也是唯一的人居岛屿。该岛自然环境非常优美,四面环水,冬暖夏凉,气候独特,有静谧而幽雅的柳岸,更有接天莲叶无穷碧的荷花荡,是周围的城市人选择度假休闲、亲近自然、放飞心情的理想之所。

穆墩岛的水产资源也非常丰富,岛上一年四季盛产各种水产品：晶莹剔透的银鱼,闻名遐迩的鳜鱼,体大肥美的洪泽湖大闸蟹,肉嫩味鲜的大青虾等等。居住在岛上的渔家人不仅勤劳朴实、热情好客,而且心灵手巧,他们会采用渔家独特的烹调方式将水产品加工成美味佳肴,湖水煮湖鱼等渔家美食非常受欢迎。为更好地保护和利用岛上的资源,2009年,在政府的支持下,江苏省穆墩岛旅游发展有限公司成立,对穆墩岛生态风景区进行规划发展,将穆墩岛景区划分为入口区、渔家餐饮服务区、渔家住宿服务区、渔家捕鱼体验区、会议度

1 穆墩岛农村淘宝服务站：梦想照进现实

假区、湿地植物展示区、湿地野生鸟类栖息区、湿地鸟类养殖展示区等八大区域。

为了不过度开发而造成原生态的破坏，泗洪县政府对于该岛的规划发展采取了循序渐进的方法。因此，多年来，穆墩岛仍然保持了其最初的原生态环境。但是，由于其特殊的地理环境，岛上没有一家超市，居民购买生活物品和农用工具等各类商品多有不便。为此，泗洪县政府动了不少脑筋，2014年10月，阿里巴巴集团宣布将启动"千县万村计划"后，泗洪县政府决定积极配合，在全县范围内推动建立村级农村淘宝服务站。穆墩岛自然成为众多候选村中的重点对象。

田千春作为一名在穆墩岛长大的大学生，其热切的回乡就业创业心非常符合阿里巴巴的农村淘宝合伙人的招募要求，自然很快就被录取并回到县里参加了培训。由于在开业之前穆墩岛农村淘宝服务站就在岛上进行了广泛的宣传，农民们早早地就数着日子期待服务站的正式开业。农村淘宝在岛上建服务站以后，得到了半城镇及穆墩岛村的大力支持，所有淘宝货物送到上岛码头后，由穆墩岛旅游公司及村淘合伙人将商品送到村民手中，阿里巴巴给予一定的补贴，解决了物流中最困难的水运环节。

在2015年6月5日的开业当天，田千春的服务站首战告捷，获得了整个泗洪县网购金额第三名的佳绩，这给了他很大的激励，他觉得自己这次回家工作的选择做得太对了——现在全家人每天都乐呵呵的，而他既可以照顾家庭又可以兼顾事业，做着自己喜欢的事情，为岛上居民带来福祉，真是从心底里感到幸福！就这样，越干越开心的田千春在当月的"618年中大促"活动中又创下了新纪录——穆墩岛服务站跃居全国"村淘"点订单数的首位。

  与此同时,针对岛上农民提出的新要求——把岛上农产品通过互联网卖到全国。为此田千春与镇上、县里的有关领导都商量过了,泗洪县的县委副书记朱长途还亲自与他进行了沟通,表示支持和肯定。而这也是符合阿里巴巴在农村淘宝项目中的整体思路的,其四大规划的第三个就是卖,即重点在互联网＋农品,目标是双平台机制,进行农产品的上行推广,建立上行网站,完成农村的O2O体验等。但是,如何兼顾农民的这两种需求呢?既要做好村淘为农民购物,又要忙着推动建立上行网站,卖农产品,自己忙得过来吗?田千春望着远处的水天一色,陷入了深深的思索……

> 点评

用数字化精准扶贫：
穆墩岛农村淘宝服务站

吴未央*

  穆墩岛农村淘宝服务站，是阿里巴巴数字化精准扶贫的一个典型案例。穆墩岛所在的江苏泗洪县，与中国其他农村地区一样，也存在着男性或者壮劳力都出去打工而造成的空心化现象，村里留下的都是空巢老人或者留守儿童。多年来，政府一直在思考如何为农民解决增产增收、稳定和持续发展地方经济等问题。

  阿里巴巴的"千县万村计划"就是冲着泗洪村那样的痛点而设计的。实际上，农村的痛点归纳起来主要有三方面，在消费方面，农村市场商业基础薄弱，农民消费需求无法得到满足；在生产环节，农村生产资料的产供销体系刚刚从封闭走向开放，商业流通效率低下，市场信息滞后，而这些成本最终几乎都由农民来承担；在销售环节，高附加值农产品的销售渠道不畅通，农产品电商也存在"散、低、少"问题。为了解决这些问题，阿里巴巴计划在3—5年内投资100亿元，建立1 000个县级运营中心和10万个村级电商服务站。穆墩岛农村淘宝服务站就是其中的一个村级服务站。这个服务站不仅方便了村民购物，还让农村壮劳力回乡就业，缓解了空心化现象，未来，这个服务站还要帮助村民将农产品

---

* 上海源泉汇理财富资产管理有限公司CEO。

社会责任：企业发展的助推剂

销到岛外去。

显然，这个电商项目对于农村发展产生了巨大的社会和经济价值，解决了政府的燃眉之急，促进了地方经济发展。通过此项目，阿里巴巴履行了其社会责任。

什么是企业的社会责任呢？简单地说，就是一家企业不能仅仅关注和纠结于自己的商业利益，也应该兼顾社会利益，在社会上起到正向的引导作用。企业社会责任并不是简单的慈善，也不是靠捐款就可以完成的，而是一种聚沙成塔、集腋成裘的利他行为，这种利他行为应该是被融入企业战略和经营中的。

阿里巴巴在一个个乡村建立淘宝站，就是在为当地打开时空的闭塞，让当地与外界互通有无。这就是一种聚沙成塔的精准扶贫行为。

阿里巴巴通过此项目，以互联网方式推动城乡一体化进程，即通过基础设施建设，打通到村的物流和信息通道，让农民在家中就可以零成本地享受到和城市居民一样的生活便利性，足不出户就能通过电子商务平台买到价廉物美的日用品和农资产品；同时，此项目创造了更多的农村创业、就业机会，即充分利用农村当地的媒体和各种宣传手段，营造回家创业的浓烈氛围，搭建创业舞台，提供创业扶植，让更多的年轻人返乡扎根农村，从而解决留守儿童、空巢老人等农村民生问题。

阿里巴巴"千县万村计划"是其市场下沉战略的一部分，是其作为一家平台型企业商业模式的能力所在，也是其履行社会责任的最可持续的行动。此项目不仅能带来社会价值，更能带来商业价值，是两者有机结合的典范。

1 穆墩岛农村淘宝服务站：梦想照进现实

从这个案例可以看出，企业履行社会责任与创造利润并不冲突，企业完全可以用自己的核心能力去解决社会问题、创造社会价值。因此，每一家企业，在制定战略、打造商业模式时，都有必要把企业社会责任考虑进去，只有这样，企业才能基业长青。

2 兴全基金：金融的温度*

两度向基金投资人发布风险预警、一个反对票助推中国股东倡导运动首次获得实质性成功、一次诉讼成中国资本市场缔约过失维权首例、成立国内首只社会责任基金、成立国内首只绿色投资基金、成立上海第一只捐赠人建议基金……这些行动都给兴全基金管理有限公司（以下简称"兴全基金"）打上了"良心基金公司"的标签。兴全基金以"为客户创造价值、为社会创造价值"作为所有战略取舍的出发点，将公益事业融于业务，形成"金融＋公益"的复合体。独特的战略定位使兴全基金成为公募基金的"一股清流"，过往业绩不俗。

进入2018年，基金规模扩张、业绩略有滑坡等问题使兴全基金受到了一些质疑。良心、规模、业绩能否兼顾？兴全基金又该如何继续传递"金融的温度"？

---

* 本案例由中欧国际工商学院教授芮萌、案例研究员张驰共同撰写。在写作过程中也得到了兴全基金管理有限公司的协助和支持。该案例目的是用作课堂讨论的题材而非说明案例所述公司管理是否有效。

2 兴全基金：金融的温度

兴 全 基 金

基本情况与市场定位

兴全基金管理有限公司（曾用名"兴业全球基金管理有限公司"），是一家公募基金管理机构，成立于2003年，前身是兴业基金管理有限公司。2008年，中国证监会同意全球人寿保险国际公司（AEGON International B.V.）受让公司49%的股权成为兴业基金管理有限公司股东，另外51%的股权由兴业证券股份有限公司持有。2016年，因公司发展需要，更名为兴全基金管理有限公司。

兴全基金以"基金持有人利益最大化"为首要经营原则，坚守风险控制、长期投资、价值投资的投资理念。低调做投资，打造精品基金；高效做公益，不断拓展责任投资的深度和广度。集理性与情怀于一身，让兴全基金在众多公募基金中独树一帜。① 有人评价，"兴全基金是一家非常值得尊敬的基金公司，细水流深的经营方式将长跑精神融入投资的品格中。"②

价值观与投资理念

在兴全基金的公司介绍中，有这么一句话："我们一直以

---

① 陈玥：《怀揣理想前行兴全基金铸就"业绩＋社会责任"公募形象》（2018年3月3日），和讯网，http://funds.hexun.com/2018-03-03/192547507.html，最后浏览日期：2018年9月11日。

② 每日经济新闻：《兴全基金：平均年化19%被誉为"最赚钱基金"》（2018年5月5日），百度百家，https://baijiahao.baidu.com/s?id=15995500960765976 01&wfr=spider&for=，最后浏览日期：2018年9月12日。

社会责任：企业发展的助推剂

'基金持有人价值最大化'为目标,在全体同仁的不懈努力下,正在成为一家为基金持有人提供一流投资服务、乐于承担社会责任、关注民生、回馈社会的优秀企业。"[①]这呼应了其官网标题图中"践行责任,成就价值"（现已改为"践行责任,驰想未来"）的标语。

作为基金行业的"一股清流",兴全基金不以规模论英雄,而追求把已经发行的基金业绩运作得更加完美,给投资者赚取最大化的收益,最终与持有人实现双赢。[②] 因此,多年以来,即便公募基金行业竞争惨烈,兴全基金也一直坚持宁缺毋滥,不盲目发行新基金的业务发展思路。正如兴全基金总经理庄园芳所言:"有所为有所不为,正是兴全基金区别于其他公司的战略定位和差异化发展路径。而所有的取舍,都源于同一个出发点:为客户创造价值,为社会创造价值。"[③]为此,兴全基金副总经理董承非表示:"一开始公司就从上到下确立了将业绩放在首位的核心理念,对投研的资源倾斜、打造好每只基金产品都围绕此展开。"[④]不仅如此,兴全基金从产品设计伊始就融入对市场的思考,比如发行了国内第一只可转债基金、第一只社会责任基金、率先引入趋势投资与有机增长的

[①] 每日经济新闻:《兴全基金:平均年化19%被誉为"最赚钱基金"》(2018年5月5日),百度百家,https://baijiahao.baidu.com/s?id=15995500960765 97601&wfr=spider&for=,最后浏览日期:2018年9月12日。

[②] 中证网:《18只产品挣490亿 兴业全球基金成价值投资一股清流》(2017年6月5日),东方财富网,http://fund.eastmoney.com/news/1593, 20170605743934921.html,最后浏览日期:2018年9月11日。

[③] 陈玥:《怀揣理想前行兴全基金铸就"业绩＋社会责任"公募形象》(2018年3月3日),和讯网,http://funds.hexun.com/2018-03-03/192547507.html,最后浏览日期:2018年9月11日。

[④] 同上。

投资理念等。①

兴全基金投资审慎,关注价值投资。2007年A股处于6 000点高位和2015年A股处于4 300点时,兴全基金两度提醒基金持有人警惕市场泡沫②,尤其是2007年,直接以公开信的形式劝基金持有人赎回股票基金(见附录2-1、附录2-2),这个看似自残的建议,却被投资者视为义举,成为投资者与基金公司共情的典范③。兴全基金一直向投资者高调展现自己的情怀,除了经常翻译并出版一些对投资有助益的书籍并赠送给投资者外,还坚持与东方艺术中心、上海戏剧学院、半度音乐等机构合作开展系列公益文化扶持项目,这造就了兴全基金产品投资者极高的忠诚度。

股东价值利益最大化、员工价值利益最大化也被列为公司的经营目标。"股东层面对公司的经营一贯支持";管理层目标一致;员工拥有良好的自驱力,兴全基金又为员工创造了在业内颇有口碑的"软环境",让员工做到"勤勉工作,快乐生活"④。

业务能力与历史业绩

"公募基金不是单枪匹马在战斗,投资研究团队体系的健

---

① 每日经济新闻:《兴全基金:平均年化19%被誉为"最赚钱基金"》(2018年5月5日),百度百家,https://baijiahao.baidu.com/s?id=15995500960765976 01&wfr=spider&for=,最后浏览日期:2018年9月12日。
② 陈玥:《怀揣理想前行兴全基金铸就"业绩+社会责任"公募形象》(2018年3月3日),和讯网,http://funds.hexun.com/2018-03-03/192547507.html,最后浏览日期:2018年9月11日。
③ 中证网:《18只产品挣490亿 兴业全球基金成价值投资一股清流》(2017年6月5日),东方财富网,http://fund.eastmoney.com/news/1593,20170605743934921.html,最后浏览日期:2018年9月11日。
④ 陈玥:《怀揣理想前行兴全基金铸就"业绩+社会责任"公募形象》(2018年3月3日),和讯网,http://funds.hexun.com/2018-03-03/192547507.html,最后浏览日期:2018年9月11日。

社会责任：企业发展的助推剂

全完善是一家公司旗下所有产品业绩良好的基础。"①凭借着稳健、可持续的业绩，兴全基金创下了业内的多个"仅此一家"！公司成立至今已9次荣获基金行业最高奖项"金牛基金管理公司"殊荣，累计将48座金牛奖杯收入囊中。截至2018第一季度末，兴全基金连续12个季度获海通证券评选的股票、债券投资能力"双五星"评级，这也是业内仅有的蝉联股票、债券投资能力双五星的基金公司。此外，济安金信分别给予兴全基金旗下指数、混合型、一级债基类五星级评级。根据银河证券基金研究中心的数据显示，截至2017年12月31日，若以算术平均法计算，兴全基金最近5年以230.9%的净值增长率排名行业第一；三年、五年、七年、十年股票投资能力均居行业前十。②

2018年，极高的投资者忠诚度也给兴全基金带来了回报。1月16日，兴全基金产品兴全合宜混合A开售，认购期为1月16日至22日。结果，产品开售当天，认购已达预期，③最终实现规模326.9959亿元，有效认购户数达到34.91万户，位列权益类基金历史首募纪录第三位④。

---

① 中国基金网：《选基要选"老司机"兴全基金两员大将年化回报近30%》(2017年12月13日)，凤凰网，http://finance.ifeng.com/a/20171213/15866494_0.shtml，最后浏览时期：2018年9月12日。
② 新浪综合：《打破大基金业绩魔咒？兴全基金投资能力恐难匹配规模》(2018年1月26日)，新浪，http://finance.sina.com.cn/stock/t/2018-01-26/doc-ifyqyuhy6599949.shtml，最后浏览日期：2018年9月12日。
③ 王丽颖：《兴全基金一天爆卖超300亿，爆款基金等于业绩亮眼吗？》(2018年1月16日)，新浪财经，http://finance.sina.com.cn/money/fund/2018-01-17/doc-ifyqqciz8160252.shtml，最后浏览日期：2018年9月11日。
④ 新浪综合：《打破大基金业绩魔咒？兴全基金投资能力恐难匹配规模》(2018年1月26日)，新浪财经，http://finance.sina.com.cn/stock/t/2018-01-26/doc-ifyqyuhy6599949.shtml，最后浏览日期：2018年9月12日。

2 兴全基金：金融的温度

践行社会责任投资理念

国际经验

社会责任投资（Sustainable Responsible Investing，SRI），也被称为"可持续发展和社会责任投资"，是一种将投资目的和社会、环境以及劳工等问题相统一的投资模式。社会责任投资是一种投资理念，是指投资者在选择投资的企业时不仅关注其财务业绩方面的表现，同时也关注企业社会责任的履行。

现代意义的社会责任投资起源于欧美，脱胎于宗教伦理和文化传统对投资行为的影响。20世纪60年代民权运动兴起，投资者意识到投资行为可以影响环境和社会，遂将投资作为一种手段，用来进行环境保护、反对越南战争、反对南非种族隔离，维护黑人和印第安人等弱势族群的利益等，这些行动推动了责任投资产品和市场的发展。1971年，美国圣公会以股东身份要求通用汽车结束在南非的一切业务直至南非废除种族隔离制度，多个宗教组织陆续加入形成了企业责任泛宗教中心（Interfaith Center on Corporate Responsibility，ICCR）。迫于压力，1986年通用汽车宣布出售在南非的资产，随后约50家美国公司陆续退出南非。80年代，由于烟草产品与组织自身使命相对立，美国公共卫生协会、美国癌症学会、世界卫生组织等医疗公共组织陆续撤销与烟草行业有关的投资。无独有偶，1990年，哈佛大学以"认识到烟草的危害，以及对烟草公司在青少年和第三世界国家激进营销的担忧"为由撤销了近 5 800 万美元对烟草公司的投资。

同样是在 1990 年,股票经纪人艾米·多米尼(Amy Domini)在工作中发现,一些客户不希望投资于军火和烟草,为了给客户提供投资基准和产品,她开启了责任投资这个新领域,发布了世界第一个责任投资指数——多米尼 400 指数(Domini 400 Social Index)。

2006 年,高盛将通常会纳入投资考量的公司治理因素,与责任投资因素(即环境、社会因素)整合在一起,提出 ESG[①]的概念,并基于 ESG 研究框架推出高盛可持续股票组合。

中国实践

2017 年 9 月,兴全基金联合商道融绿发布中国首份针对社会责任投资的 10 年回顾报告。报告中指出,2008 年我国第一只社会责任基金成立。历经 10 年发展,到 2017 年 8 月 31 日,我国公有社会责任基金以及绿色产业方向的投资基金 62 只,基金资产净值总规模约 500.2 亿元,最近 3 年(2015—2017)的收益率达 59.6%,与社会责任相关的指数也达到 30 只。

与海外发展路径不同,我国社会责任投资,尤其是绿色金融得益于自上而下的政策的大力支持、证券投资基金业协会的积极推动,而进入快速发展期。政策的影响是巨大的,例如 2016 年,我国绿色债券的发行量从几乎为零一跃达到 2 000 亿元的规模,成为当年世界最大的绿色债券市场。沪深两市对上市公司企业社会责任(Corporate Social Responsibility,CSR)报告披露的要求越来越高,2016 年,中证 100 指数的

---

① ESG 即将环境影响(Environment)、社会责任(Social Responsibility)、公司治理(Corporate Governance)三个方面纳入投资决策中的新兴投资策略。

100个成分股中有86家公司发布了当年的CSR报告。2017年6月,我国首次进行公众对社会责任投资的态度调查。调查结果表明无论是对普通大众、准高净值人群还是对机构投资人而言,其在投资中考虑社会责任的积极态度都在递增,而且投资资金越多,对社会责任投资的态度越积极。

兴全基金社会责任投资的兴起

兴全基金是我国社会责任投资的倡导者,一贯认为通过引入社会责任投资的理念,在资本市场上引导资源的配置,让更多的资源流向社会责任良好的企业,让社会责任表现好的企业可以获得资本市场更多的支持。基于此种考虑,兴全基金从2007年开始就积极向国内引入社会责任投资的理念:翻译海外著作,如多米尼的专著《社会责任投资——改变世界创造财富》,以浅显易懂的文字向社会公众推广社会责任投资;在学习海外案例的基础上,兴全基金结合国内资本市场的环境,发表了多达68篇以上的涉及社会责任投资领域的文章;与多家机构联合举办多场"社会责任投资论坛";自2009年率先发布企业社会责任报告。

在引导市场投资理念的同时,兴全基金在2008年4月30日成立了国内首只社会责任基金——兴全社会责任混合型证券投资基金①,该基金在投资决策中综合考虑公司发展的经济、持续发展、法律和道德等因素,在追求投资业绩的同时,影响或

---

① 混合型基金是指资金资产比例灵活地投向货币市场或资本市场,基金经理可以根据市场变化灵活配置,当股票上涨时,加大股票投资力度,降低债券的配置比例,以争取更大投资收益;当股市下跌时,又可以反向操作,回避风险。混合型基金收益和风险都居中。

者推动公司履行社会责任,从而促进社会发展。截至2017年12月31日,兴全社会责任基金净值高达86.32亿元(见附录2-3)。

2009年,兴全基金携手第一财经和深圳证券信息有限公司共同编制了首只跨沪深两市的社会责任指数——CBN-兴全基金社会责任指数,该指数主要反映在社会责任履行方面表现良好的公司的股价变动趋势。

2011年5月6日,兴全基金成立了国内首只绿色投资基金——兴全绿色投资混合型证券投资基金。该基金提出绿色投资筛选策略,重点关注绿色科技产业或公司,同时对传统产业中积极履行环境责任、致力于向绿色产业转型或在绿色相关产业发展过程中做出贡献的公司予以关注。截至2017年6月,兴全绿色投资基金资产净值达6.21亿元,持有人户数2.61万。[①]

兴全基金社会责任投资的逻辑

兴全社会责任基金投资关注多个维度。一方面,侧重价值投资,考量企业的发展空间、成长潜力以及管理层的经营能力;另一方面,特别关注企业社会责任实践程度,考察企业是否顾及各方利益,包括在环境、员工安全、供应商、客户及股东之间的利益平衡。

在实际运作中,兴全社会责任基金采用两维ESGF[②]筛选评分体系进行股票筛选,即除了传统关于企业财务状况的经济因素外,还要考虑涉及绿色产业的环境因素、涉及股东外其他利益相关者权益维护的社会因素和涉及公司内部治理和外

---

① Wind 数据库。
② ESGF 模型即将 ESG 投资策略与经济因素(Finance)综合考虑的投资策略。

部治理表现的治理因素。兴全社会责任基金同时采用消极筛选和积极筛选策略。在消极筛选方面,兴全社会责任基金的基金合同中明确规定"避免投资不符合社会责任道德准则的行业或公司",规避投资于诸如白酒、烟草等不符合社会责任投资标准的行业和公司。在积极筛选方面,兴全基金主动选择环保领域社会责任践行良好的龙头企业。

股东倡导[①]运动：维护中小股东利益

2012年8月21日,兴全基金以缔约过失为由起诉熔盛重工[②]引起业界极大关注。2011年,兴全基金判断中国经济增速下滑已成定局,随着A股市场投资者对上市公司业绩增长"不切实际的幻想"的逐步落空,A股市场面临着较大的下跌风险,因此,2011年开始,兴全基金在策略上保持较轻仓位,同时关注由于并购等原因而提供现金选择权的股票以控制市场下行的风险。基于这一理念,兴全基金持股安徽全柴动力股份有限公司(下文称"全柴动力")[③],并随着相关审批进程和信息披露而不断加大投资力度。2011年4月28日,全柴动力发布公告,江苏熔盛重工有限公司(下文称"熔盛重工")[④]由于中标全椒县人民政府所持

---

① 股东倡导是社会责任投资过程中的重要策略,主要是指利用股东对企业管理的特定权利和相应责任,通过与公司管理层的直接对话,更快速、有效地解决问题。发挥股东作用对促进上市公司的治理、保护和提升股东价值等方面均有积极影响。
② 张哲：《兴业全球基金起诉熔盛重工获准正式立案》(2012年9月14日),腾讯财经,http://fund.jrj.com.cn/focus/xqjjwq/,最后浏览日期：2019年7月9日。
③ 全柴动力是安徽全柴集团有限公司的核心控股企业,于1998年成功上市A股(600218),是安徽省内内燃机行业唯一一家上市公司,中国机械工业500强企业。
④ 熔盛重工是经国家发改委审批的大型海洋装备制造企业,截至2013年底为中国最大的民营造船企业,拥有中国最大的造船厂,后更名中国华融能源股份有限公司,于香港上市(HK1101)。

社会责任：企业发展的助推剂

全柴集团 100% 的股权，间接控制了全柴动力 44.39% 的股权从而触发法定全面要约收购①义务，要约收购价 16.62 元/股。然而，要约收购却被长期搁置，引起了市场和投资者的广泛质疑。2012 年 7 月 3 日，兴全基金联合东方证券发布《致全柴动力及熔盛重工要求就要约收购事项召开公开说明会的函》，要求两方及时履行信息披露和传闻澄清义务。② 然而，熔盛重工迟迟未作出声明，也并未及时向证监会提交补正材料，股价顺势下跌，7 月 18 日，全柴动力单日下跌 6.46% 报收 10.57 元，较要约收购价折价 36%，引发机构出逃。③ 2012 年 8 月 17 日，熔盛重工向证监会申请撤回要约收购申请材料，要约收购正式爽约。随后，兴全基金副总经理董承非表示："我们将通过法律的途径来寻求违约方的赔偿，无论胜诉或败诉，涉及费用将全部由我司承担，所获赔偿则全部计入基金资产。"④虽然最终败诉，但作为"中国资本市场要约收购中的第

---

① 全面要约收购，与部分要约收购相对应，是指投资者自愿选择以要约方式收购上市公司股份，可以向收购公司所有股东发出收购其所持有的全部股份的要约。要约收购与协议收购相对，要约收购是指收购人向被收购的公司发出收购的公告，待被收购上市公司确认后，方可实行收购行为；协议收购，则是收购者在证券交易所之外以协商的方式与被收购公司的股东签订收购其股份的协议，从而达到控制该上市公司的目的。我国实行强制要约收购制度，也即投资者持有目标公司股份或投票权达到法定比例，或者在持有一定比例之后一定期间内又增持一定的比例，依法律规定必须向目标公司全体股东发出公开收购要约的法律制度。
② 兴业全球基金管理有限公司、东方证券股份有限公司：《致全柴动力及熔盛重工要求就要约收购事项召开公开说明会的函》（2012 年 7 月 5 日），和讯网，http://stock.hexun.com/2012-07-05/143205838.html，最后浏览日期：2018 年 9 月 13 日。
③ 兴业全球基金起诉熔盛重工案专题，和讯基金，http://funds.hexun.com/2013/xqjjqs/，最后浏览日期：2018 年 9 月 13 日。
④ 凤凰财经：《兴业全球基金董承非：全柴动力背后的投资逻辑》（2012 年 9 月 19 日），凤凰网，http://finance.ifeng.com/fund/jjsd/20120919/7055208.shtml，最后浏览日期：2018 年 9 月 13 日。

一例主动毁约案例",兴全基金也肯定了自己的维权行为"至少可以促进有关制度的完善以及制度细则的完备……我们也将吸取教训,并将因此调整我们的投资分析框架"①。有人评价说"兴业全球基金在熔盛重工诉讼案中表现出的严肃认真,简直令人肃然起敬"②。

这已经不是兴全基金第一次为中小股东维权了。2010年初,双汇发展"考虑到使该10家企业继续保持中外合资企业性质以及继续享受税收等优惠政策的因素",披露了一份董事会决议:放弃对其关联公司股权的优先受让权,并将10家合资公司少数股东股权全部转让给外资股东。在此之前,双汇发展已经做出董事会决议,并据此于2009年上半年以极低的价格完成了股权转让。这种无异于抢掠的行为引起了中小股东的强烈不满,兴全基金联合其他机构投资者对这项议案坚决投出反对票,中小股东的利益得以保全。③

兴全基金:创新公益基金管理产品

海外公益基金管理

发达国家公益基金投资管理相当普遍。2017年,英国牛

---

① 凤凰财经:《兴业全球基金董承非:全柴动力背后的投资逻辑》(2012年9月19日),凤凰网,http://finance.ifeng.com/fund/jjsd/20120919/7055208.shtml,最后浏览日期:2018年9月13日。
② 腾晓萌:《兴业全球起诉熔盛重工,缔约过失罪成中国股市首例》(2012年9月17日),凤凰网,https://finance.ifeng.com/stock/special/rszgsgsb/20120917/7042618.shtml,最后浏览日期:2018年9月13日。
③ 芮萌、谢淳:《社会责任投资:解决公司治理问题的努力》,2015年。

社会责任：企业发展的助推剂

顿投资管理公司(Newton Investment Management)发布的报告显示，英国接受调研的公益组织中，进行投资管理的慈善组织占到99%。在美国，基金会则通常采用外包型首席投资官(Outsourced CIO)的管理形式，例如洛克菲勒家族基金聘请第三方外包首席投资官，由职业投资人为多个家族通过一个投资组合共同管理财富。

许多知名的基金会都是通过投资管理实现长盛不衰。例如，1901年成立的诺贝尔奖，启动奖金仅有3 158万瑞典克朗[①]，而到了2017年底，诺贝尔基金会的投资资产已经增值到44.96亿瑞典克朗。然而诺贝尔基金会的管理也不是一帆风顺的：在成立初期，基金会的章程中将投资范围限定在"安全的证券"，不允许股票投资，这直接导致在奖金发放了50多年后，基金会的资产只剩下300多万美元。1953年，诺贝尔基金会及时调整了投资策略，将公司章程中规定的投资范围更改为股票、债券、房地产基金、对冲基金，董事会有权定期调整投资策略。诺贝尔基金会也是责任投资的实践者，要求资产管理人进行责任投资，增加绿色债券的投资等。巴恩斯基金也曾因将投资范围限定在美国国债而造成基金的巨额贬值，直到通过法院程序打破了原有契约限制后，基金才重新焕发活力。一些世界著名高校，如耶鲁大学、麻省理工学院也采用投资策略管理基金会资产，两所高校都采取主动管理策略，耶鲁大学侧重资产配置，依赖研究能力突出的投资经理；而麻省理工学院则在找到出色的管理者后，依据管理者的能力和对未来的判断调整资产分配。

---

① 1瑞典克朗＝0.111 7美元(2018年9月14日)。

中国公益基金管理存在的问题

根据《公益时报》2016年公益机构年报的统计,我国多数公募基金会没有投资收入。其中,根据2016年基金会年报的统计,投资收益超过1 000万元的公募基金会仅有两家,分别为中国扶贫基金会(6 201万元)和中国青少年发展基金会(4 606万元)。私募基金会的投资相对积极,有6成私募基金会有投资收入。

2014年,国务院《关于促进慈善事业健康发展的指导意见》中指出"倡导金融机构根据慈善事业的特点和需求创新金融产品和服务方式",此前《中华人民共和国公益事业捐赠法》(1999年)和《基金会管理条例》(2004年)均提出公益性社会团体/基金会应当遵循合法、安全、有效的原则,实现捐赠财产/基金的保值、增值。

目前中国公益基金投资管理存在许多问题。最突出的特征是风险承受能力极低,不允许亏损,对投资标的的限制十分严苛,货币类资产占比较高,投资收益较低。不仅如此,由于公益基金会缺乏专业人才和有效的组织结构,公益基金会的投资行为大多存在责任不明、管理效率低下等问题导致投资业绩不佳。

兴全基金的公益资金保值增值产品

社会责任投资专户

兴全基金社会责任投资专户是我国少有的、专为公益基金设计的创新型资产管理产品。与跟投及有限保本的模式不同的是,兴全基金的社会责任投资专户遵循社会责任投资的

社会责任：企业发展的助推剂

理念，并将管理产品所产生的也即提成按约定比例重新投入到该公益项目中（见附录2-4）。截至2018年7月，兴全基金已经成立3只社会责任投资专户产品。考虑到公益基金的风险承受能力，兴全基金社会责任投资专户产品的投资管理将安全性放在首位，当收益性与安全性冲突时，收益性要让位于安全性。在投资运作中运用安全垫策略，初期更大比重投资于低风险的投资品种，待预期收益可控的情况下提高风险资产比例，获取更多收益（见附录2-5）。社会责任投资专户投向股票、债券、可转债/可交债、股指期货等方向，兼具稳定性与机会型。例如，股票投资重点投向股息率高、估值具有优势的个股，或参与新股申购，累计确定性相对较高的收益。同时，兴全基金按照市场波动情况，动态调整资产配置，进行跨类别资产配置（见附录2-6）。与公益基金会的道德背景相契合，社会责任投资专户依然秉承社会责任投资理念，按照ESGF模型进行投资。目前3只社会责任投资专户产品走势良好，其中两只产品年化收益远高于沪深300指数，3只产品的最大回撤率[①]也优于沪深300指数。

捐赠人建议基金

大爱福（Donor Advised Fund，DAF）专项基金成立于2018年1月31日，是上海首只捐赠人建议基金，由兴全基金、上海有你真好公益服务中心出资发起设立，首批捐赠资金合计280万元。这只基金的成立不仅是兴全基金工艺文化的再升级，也标志着国内"金融＋公益"的实践探索进入新阶段。

---

① 最大回撤率是一个重要的风险指标，即指在选定周期内任一历史时点往后推，产品净值走到最低点时的收益率回撤幅度的最大值，用来描述买入产品后可能出现的最糟糕的情况。

正如兴全基金督察长杨卫东所言"让金融不仅带动经济的发展,也努力营造心灵的温暖"。①

捐赠人建议基金是由捐赠人出资,捐赠人在捐助公益项目上享有建议权,同时在资金使用效率上委托专业资产管理机构管理的一种捐赠模式,在国外资本市场已经相当成熟。美国纽约社区信托基金会于1931年发起成立了第一个建议性基金,随后此类基金呈现高速增长态势,成为美国个人公益捐赠的主要工具之一。② 根据美国国家公益信托的数据,2016年美国约有28.5万个个人捐赠人建议基金,全年捐赠额达230亿美元;美国捐赠人建议基金资产总量达到852亿美元,同比增长9.7%。兴全基金相关人士在接受《新民晚报》采访时表示"DAF(捐赠人建议基金)之所以会如此受欢迎,是因为它具有传统捐赠基金所不具备的诸多优点"。以大爱福(DAF)专项基金为例,捐赠人按照相关法规完成捐赠后,享有捐赠的税收优惠③。同时,捐助人可以更有策略、有计划地进行慈善捐助(Give),并获得增值管理(Grow),当捐赠人

---

① 陈玥:《怀揣理想前行兴全基金铸就"业绩+社会责任"公募形象》(2018年3月3日),和讯网,http://funds.hexun.com/2018-03-03/192547507.html,最后浏览日期:2018年9月11日。
② 许超声:《沪上首只DAF大爱福专项基金今天揭牌》(2018年1月31日),新民网,http://newsxmwb.xinmin.cn/caijing/2018/01/31/31356809.html,最后浏览日期:2018年9月13日。
③ 我国关于企业捐赠的税收优惠规定如下:企业通过公益性社会团体或者县级以上人民政府及其部门,用于公益事业的捐赠支出,在年度利润总额12%以内的部分,准予在计算应纳税所得额时扣除(《中华人民共和国企业所得税法》《中华人民共和国企业所得税法实施条例》《财政部、国家税务总局、民政部关于公益性捐赠税前扣除有关问题的通知》)。我国关于个人捐赠的税收优惠规定如下:个人将其所得通过中国境内的社会团体、国家机关向教育和其他社会公益事业以及遭受严重自然灾害地区、贫困地区的捐赠,捐赠额未超过纳税义务人申报的应纳税所得额30%的部分,可以从其应纳税所得额中扣除(《中华人民共和国个人所得税法》及《中华人民共和国个人所得税法实施条例》)。

决定对公益项目进行捐赠支出(Grant)时,可以向大爱福(DAF)专项基金发出捐赠建议[①](见附录2-7)。

大爱福(DAF)专项基金注重对捐赠人的服务[②],捐赠人有权选择或指定大爱福(DAF)专项基金公益池中的项目;捐赠人有权选择大爱福(DAF)专项基金提供的投资产品,以追求提升捐赠资金的使用效率;每个季度捐赠人都会收到公益项目执行季报及投资季报,以了解公益项目执行情况和投资管理情况;当捐赠人当年的捐赠基金大于50万元时,可以为大爱福(DAF)专项基金推荐公益项目等。当然要进入公益项目池也需要经过严格的综合评估,评估内容不限于财务情况、信息披露和公益管理等。

兴全基金:高效做公益

兴全基金不仅以投资行为引导投资对象,其本身也是社会责任的践行者,责任投资与公益活动互相促进,追求成为合格的企业公民。兴全基金认为对"企业公民责任"的担当与履行,不仅仅是一种感恩和回馈,更是企业自身发展战略必需的品质。兴全基金的公益计划主题为"牵手",号召更多的人牵手同行,共同为公益事业添砖加瓦。其中,开始于2006年的"助学助教"公益行动已累计投入超过6 600万元,受益师生超过19万人,辐射27个省(区、市)[③]。在牵手环境的行动

---

① 许超声:《沪上首只DAF大爱福专项基金今天揭牌》(2018年1月31日),新民网,http://newsxmwb.xinmin.cn/caijing/2018/01/31/31356809.html,最后浏览日期:2018年9月13日。
② 同上。
③ 数据截至2018年6月。

中，兴全基金于2017年3月启动库布齐沙漠胡杨林种植计划，将在3年内投入1 000万元，并与蚂蚁森林、亿利集团围绕植树治沙主题开展线上合作，向支付宝用户宣传环保理念。为确保公司内部公益项目的执行效率，兴全基金在内部建立了健全的公益管理机制，由市场部牵头负责公司公益的全面管理，包括年度公益项目评估会议、公益的制度建设、年度预算等，并选拔员工爱心大使。在过去的10年（2008—2017），兴全基金及员工共同之处公益金逾1.1亿元，2017年，再次荣登福布斯中国慈善榜，位居54位。

授人以鱼，不如授人以渔。兴全基金建立公益平台为其他公益行为主体"赋能"：将企业管理的经验分享给公益组织，推动公益组织间的沟通合作；敦促政府部门参与公益项目评估；向基金客户发起"爱心捐"为其提供参与公益项目的通道，通过客户服务、公司微信公众号、内外培训项目等多种渠道开展投资者教育工作等。

未 来 之 路

虽然兴全基金自2003年成立以来基本实现规模稳步增长，但从历史大基金表现来看，除去"国家队"，规模较大往往是基金业绩的敌人，而兴全基金的规模已一度突破2 000亿元，这将对投资团队的经验提出挑战。跨度十年的良心丰碑，社会责任与担当曾助力了兴全基金的腾飞，并成为兴全基金区别于其他基金公司的差异所在。"良心"与发展，规模与业绩能否并举？未来兴全基金又将如何应对呢？

附录 2-1 兴全基金（时名兴业基金）于 2007 年 10 月 16 日发给基金持有人的公开信

尊敬的兴业基金持有人：

在不经意间，A 股已经轻松越过了 6000 点大关，如今如果理性地进行分析的话，我们不得不承认 A 股的泡沫化程度已经相当高了。

近期，公司研究部相关人员专门分析和比较了同处亚洲市场的日本、泰国、韩国和中国台湾四个市场在历史经济高速发展时期所经历的股市泡沫，研究表明目前 A 股的整体估值水平已经超过了日本、韩国和泰国泡沫顶峰时期的估值水平，仅比中国台湾市场泡沫高峰期稍显温和。今天市场上出现的种种疯狂的现象，都让我们为 A 股明后两年的表现表示担心。

基于上述分析，我们认为在目前市场状况下基金投资者应该避免盲目投资，尽量用闲钱进行投资，这样即使市场下跌，也能保持良好的心态。而且基金投资者要适当降低未来基金投资收益的预期，过去两年股市的辉煌造就了基金神话般的高回报，但持续的高回报是不现实的。

我们对明后年的基金投资收益较为谨慎，我们希望基金投资者认清目前普遍存在的几个错误认识。误区一：买基金是只赚不赔的。由于我们处于一个大牛市中，尤其是过去两年，年收益翻番的基金比比皆是，这有可能造成投资者错误地认为买基金只赚不赔。但没有只涨不跌的股市，一旦股市出现大的调整，基金同样也会亏钱。误区二：份额净值低的基金比较安全，事实上，净值 1 元的基金同样也有可能跌破面值，其亏钱的概率和程度与高净值基金基本是一样的。

当然，我们无法准确预测泡沫哪一天可能破灭，实际上，泡沫破灭前市场仍有可能出现大幅上涨，但根据海外的经验，泡沫破灭后往往都面临急速的下跌，所以我们想提醒您在进行基金投资之前，充分考虑可能的下跌风险，做个明白、理性的投资人。毕竟天下没有只涨不跌的股市，在市场快速下跌过程中，基金的净值难免受到波及，如果您仅仅是因为相信基金肯定不会损失而投资的话，我们

2 兴全基金：金融的温度

> <u>建议您全面认真地考虑；如果您是出于风险因素,赎回了基金,我们也能理解</u>。总之,我们希望您是在认真基金的性质,充分权衡了未来可能的风险与收益的情况之后,做出投资选择。
>
> 当然,我们并不惧怕未来可能的下跌,我们相信,凭着我们的专业能力,我们的表现依然能够领先大盘。在大牛市中,鸡犬升天往往掩盖了许多问题,但我们认为,越是在一般和不好的市况中,基金的专业理财能力越是能得以体现,大浪淘沙留下的才是真正的"金子"。
>
> 最后,感谢您一直以来对本公司的信任和支持,我们希望即使经历大风大浪,依然能够与您携手共进。

资料来源：KK：《业界良心——兴全基金》(2018 年 1 月 11 日),KK 慢记,https://mp.weixin.qq.com/s? src = 11&timestamp = 1562653107&ver = 1717&signature = kOgx9DTkYnlAHHw*MjAt2-meOHg3CBdCTww3ziQV7NOyF-rlU5Qa1l-9V16qXSzYeU9-ypEmjjEDJbTtI0u5irFMyfOPI9kLnQY1-FjYz*UEIxCEhYd6pn74tfixLTD3&new=1,最后浏览日期：2019 年 7 月 9 日。

注：黑色及下划线突出部分为二手资料来源中另加,非原件标注。

附录 2-2　兴全基金于 2015 年 4 月 21 日向旗下所有产品在一季度统一发送的内容节选

> ■ 4.5　管理人对宏观经济、证券市场及行业走势的简要展望
> 　　<u>我们对 A 股市场当前的热度比较担忧,对下半年的股市表现较为悲观。</u>
> 　　尽管泡沫让赚钱显得又快又轻松,我们的净值也受益于泡沫实现快速增长。我们也认同活跃的资本市场对促进直接融资和经济转型的积极意义,但我们同样认为近来高歌猛进的市场表现低估了改革的难度,忽视了转型的艰辛和可能经受的苦痛。<u>目前市场上绝大多数公司的股价已呈现泡沫,以创业板为代表的中小盘股票更是泡沫严重。</u>过高的股价将让未来的收益前景蒙上阴影,即使是在最顺利的改革进程与经济前景下,买入过高价格股票的投资者也难有满意回报。<u>目前市场在轻松越过 4000 点后,越发大步狂奔,泡沫按照这样的速度不断膨胀,让我们不得不开始考虑可能很快会来临的再一次泡沫的破灭</u>,由于巨额杠杆资金的进入,这一次的股价崩溃对投资者的伤害甚至可能超越 2008 年。尽管有种种"这次不一样"的理由,却如马克吐温所说,历史不会重复自己,但会押着同样的韵脚,人性的基本特点从未改变。<u>虽然我们不清楚泡沫何时以何种方式破灭,但结局或许已经注定,不确定的只是过程</u>,整体的账单已容易算得清楚,不清楚的只是各个个体的得失分配。
> 　　接下来的市场对本基金管理人将充满挑战,股市或将迎来狂风巨浪,基金的净值或也会如巨浪中的船舶大幅波动,我们为此已有心理准备,也有信心把好舵,在一次次的荣衰周期中不断前行,以专业能力为投资者赚取中长期的良好收益。

资料来源:KK:《业界良心——兴全基金》(2018 年 1 月 11 日),KK 慢记,https://mp.weixin.qq.com/s?src=11&timestamp=1562653107&ver=1717&signature=kOgx9DTkYnlAHHw*MjAt2-meOHg3CBdCTww3ziQV7NOyF-rlU5Qa11-9V16qXSzYeU9-ypEmjjEDJbTtI0u5irFMyfOPI9kLnQY1-FjYz*UEIxCEhYd6pn74tfixLTD3&new=1,最后浏览日期:2019 年 7 月 9 日。

注:黑色及下划线突出部分为二手资料来源中另加,非原件标注。

附录 2-3 兴全社会责任基金(340007)基本信息及业绩表现(截至 2018 年 5 月 25 日)

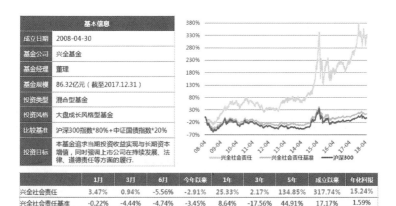

资料来源:兴全基金和 Wind 数据库。

附录 2-4 兴全基金社会责任投资专户运作模式

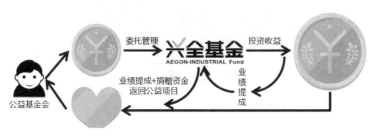

资料来源:兴全基金。

附录 2-5 公益资金投资中风险资产仓位变动图（安全垫策略）

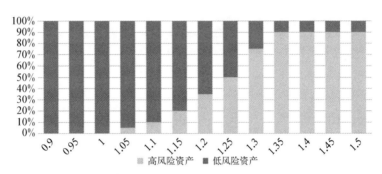

资料来源：兴全基金。

附录 2-6 公益资金投资中动态调整资产配置的策略

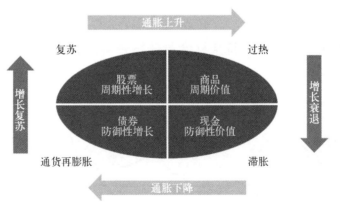

注：本策略不投资于商品类资产。
资料来源：兴全基金。

附录2-7 大爱福(DAF)专项基金核心运营环节

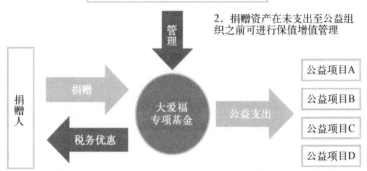

1. 捐赠人将资产捐赠至大爱福(DAF)专项基金

2. 捐赠资产在未支出至公益组织之前可进行保值增值管理

3. 大爱福(DAF)专项基金将资产捐赠至合格公益组织

资料来源：兴全基金。

> 点评

CSR 的产品创新力

郭荣滨[*]

兴全基金具有明确的价值观和投资理念,他们将基金和企业社会责任融合打造产品线,实现了企业社会责任的产品创新力。他们用企业社会责任理念吸引拥有同样理念的客户,并坚持让基金持有人价值最大化。

兴全基金与第一财经和深圳证券共同编制了首只跨沪深两市的社会责任指数——CBN-兴全基金社会责任指数,反映了社会责任方面表现好的公司股价变动趋势。从而让价值投资有了参考的依据,为用户提供指导,也创立了行业投资新标杆。

作为企业社会责任的践行者,兴全基金还通过自身专业能力帮助同行和客户,比如提示基金持有人市场泡沫以及为中小股东维权等。同时,他们还与多家机构联合举办"社会责任投资论坛",率先发布企业社会责任报告。

基金行业竞争比较激烈,很难实现差异化。然而兴全基金将企业社会责任作为其核心定位,并将其与产品及战略有效结合,从而实现自身和相关方的多赢局面。他们成功打造了一个融合企业社会责任的差异化战略和商业模式。

每家企业都会制定自己的战略和企业愿景,具有一定规模的有愿景的企业一般都会将企业社会责任纳入规划。但不

---

[*] 世纪金源酒店集团总裁助理。

少企业都认为企业社会责任就是回馈社会,就是捐赠、慈善、公益行动等具体要花费金钱和耗费人力的事,一般只作为附属和锦上添花之用,而不会作为企业的核心竞争力或者纳入产品创新中。但是兴全基金另辟蹊径,将企业社会责任作为其核心竞争力,和核心产品有机结合并付诸实践,使该基金"鹤立"于同行业的诸多基金中,明显的差异化成就了兴全基金独特的企业价值,树立了企业社会责任与公司行为最佳结合的典范。

实际上,企业社会责任与企业运营可以从以下四个层面进行结合:(1)明确企业社会责任的定位;(2)建立利益相关方的概念和体系;(3)结合现行的标准融入企业日常运作;(4)从日常工作中力所能及的小事和项目做起。

首先,对于企业及社会责任的关系和定位需要更加明晰。明确企业不仅仅为股东创造价值,而且要创造出"共享价值",将社会责任的事务融入企业的核心业务战略之中,将其作为企业长期战略的一部分,制定战略计划和目标规划,而不是短期临时的项目。

其次,与企业股东、管理团队达成共识,引入"利益相关方理论",拟定出利益相关者的诉求,包括客户、消费者、供应商、环境、政府、股东和员工。在了解各自的目标和与企业的协作关系时,建立不断提升的机制,就能逐步实现整个生态系统的共同发展。也可以参考欧洲一些成熟的系统如 EFQM(European Foundation for Quality Management),这个系统就涵盖了如何建立与利益相关方的关系,评估标准,第三方评估等方式,帮助企业系统地搭建起社会责任体系,而且可以有相关的标杆企业可供参考学习。

再次,在实际运作中企业社会责任应按照相关标准建立可执行的标准,结合成熟的认证体系去应用和执行,如目前比较被认可的ISO14000环境体系认证标准,OHSAS18000(安全及卫生管理系统认证标准),这两个体系分别兼顾了环境、社会及员工的利益。

最后,与企业日常工作相结合,在没有建立战略和体系之前,从企业力所能及的小事做起。

3 猪八戒网：不忘初心*

> 对于创业，我们有一个标准，如果这家公司只有商业价值而没有社会价值，我们认为是生意人该干的事；如果这家公司只有社会价值而没有商业价值，我们认为这是政府该为人民服务；我们要创办的猪八戒网既应该有商业价值，同时还必须兼备社会价值，把商业价值和社会价值完美地整合在一起，这值得我们猪八戒团队去为之努力，为之奋斗。
>
> ——猪八戒网创始人、CEO 朱明跃[①]

猪八戒网，一个成立于 2006 年、总部设在重庆的服务众包平台，在创始人朱明跃带领下，"熬死"了竞争对手，历经多次"腾云行动"，终于成长为服务众包这个"最烂的""慢"生意领域的"独角兽"。有人说，猪八戒网搅浑了设计行业，朱明跃则认为猪八戒网是中小企业的依靠。记者出身的猪八戒网高管团队如何看待创业道路上的"鲜花"和"荆棘"？每次重大的战略决策背后有什么一以贯之的原则指引企业前行？未来的猪八戒网又将是怎样的一番模样？

---

* 本案例由中欧国际工商学院教授芮萌、案例研究员张驰共同撰写。在写作过程中参考了现有公开信息。该案例目的是用作课堂讨论的题材而非说明案例所述公司管理是否有效。

① 华龙网：《两江新区优化升级：八戒知识产权践行社会价值"一起飞"》（2016 年 2 月 29 日），网易新闻，http://news.163.com/16/0229/12/BH09Q3A9000014AEE.html，最后浏览日期：2018 年 9 月 9 日。

社会责任:企业发展的助推剂

"二师兄"的猪八戒网

基本情况

21世纪伊始,经过20多年的改革开放,中国的文化产业蓬勃发展。与此同时,互联网发展成熟,卓越网、淘宝网等电商网站的出现逐渐改变了人们的生活方式。"网购",这个新鲜时髦的购物方式让时任《重庆日报》首席记者的朱明跃兴趣盎然,他很快就发现了社会上有一类需要并不能得到满足:文化创意项目由于规模小、个性化需求强等原因很难在网上找到合适的人才和团体去实施。另外,在多年的记者生涯里,朱明跃也接触到许多怀有创意本领但囿于信息不对称、渠道不通畅等原因而怀才不遇的人才。① 那么,能不能用"网购"的形式实现创意项目和创意人才的有效对接呢?2005年,朱明跃自学编程,上线了一个个人论坛,但这显然不能满足业务需要,很快下线。2005年底,朱明跃在K68②上发"英雄帖"寻找专业编程人员,他为这个任务悬赏500元。中专毕业没有工作的朱陶接了这个工作,仅用7天就完成了任务。新的网站一上线就吸引到用户发布任务,这让朱明跃很受鼓舞。

2006年9月,朱明跃破釜沉舟辞去记者的工作。在重庆上清寺的一间小平房里,猪八戒网宣告正式上线。初创团队

---

① 班雪松:《对话刘川郁:解读猪八戒网网络生意经》,《创新时代》2012年第4期,第60—62页。
② K68,原名K68在线工作平台,后改名为K68创意平台,于2003年11月25日在北京中关村成立。K68是中国第一家真正意义上的商业威客模式网站,只要通过互联网可以完成的工作都可以承接。

里除了朱明跃,还有一直受雇维护网站的朱陶、负责日常事务的董长城,同是记者出身的刘川郁和丁然。他们有共同的目标:"社会上其实有一批人很有本事,会写作、设计、策划,但没有机会,这些技能都闲置着。另外有一批人,特别是小微企业,刚开始办公司,请不起正规的创意设计公司。我们认为可以搞一个平台,把这两方面的人拉在一起。"①

截至2018年8月,猪八戒网(zbj.com)已经成为拥有1 900万注册用户、基于人才共享的服务交易市场。猪八戒网可以为企业提供标识设计、软件开发、知识产权、财税等17个领域600多个品类的全生命周期服务,到2017年8月,已共计实现了超过10亿次用户商机匹配,1 300万家服务商为超过700万家企业提供服务,日均交易额突破1亿元。② 不仅如此,猪八戒网还将自己定位为向创业创新者提供多维度、全周期孵化能力的超级孵化器以及整合第三产业服务资源为传统行业、政府和企业提供"互联网+"解决方案的产业升级推进器。

"二师兄"和初创取经团

很难想象一个互联网公司竟然是由几个资深记者团队创立的。创始人"二师兄"朱明跃就是最典型的代表。1974年出生的朱明跃在创业前做过13年的"打工仔":3年教师,1年公务员,8年记者。这看似与创业无关的人生经历却让朱明跃视若珍宝"我

---

① 吴汉钧:《猪八戒网:创业如〈西游记〉取经》(2015年2月8日),两江新区官网,http://www.liangjiang.gov.cn/Content/2015-02/08/content_13707.htm,最后浏览日期:2018年8月21日。
② 熊丽:《猪八戒网创始人兼CEO朱明跃:"二师兄"取经记》(2017年8月11日),搜狐网,http://www.sohu.com/a/163772141_120702,最后浏览日期:2018年8月22日。

社会责任:企业发展的助推剂

积淀了太多的东西,才促成我走到今天",他很自豪地提起 2004 年冒着生命危险进入"四川怪病传染隔离区"报道的经历,"作为记者来说,我首先要有一种使命感,这是非常重要的",这是他对这次行动的总结。① 技术总监朱陶对朱明跃的想法也十分认同,为此,他决定"不要工资要股份",主动加入猪八戒网。同期加入的还有时任《重庆商报》社会新闻部主任的刘川郁和供职于《重庆晨报》的丁然,都是沿着朱明跃发现的"网上交易创意服务"的方向走上了创业之路,"走上这条路,就要咬牙做好"②。

"最差的生意"——服务交易市场

朱明跃对于自己的生意有清醒的认识"我要做的可能是世界上最难的生意,而且摸索一段时间后,我意识到这绝对是一门慢生意"。

服务交易特点

非标准化

猪八戒网交易的标的物是非标准化③的服务。服务不像

---

① 知家:《猪八戒网创始人朱明跃:我的积淀=3 年老师+8 年记者》(2015 年 6 月 18 日),创业邦,https://www.cyzone.cn/a/20150618/276366.html,最后浏览日期:2018 年 8 月 22 日。

② 《长廊专访:跨界创业的"牛魔王"猪八戒网联合创始人刘川郁》(2015 年 10 月 29 日),猪八戒网,http://news.zbj.com/article-id-10142.html,最后浏览日期:2018 年 8 月 22 日。

③ 非标准化(非标)是与标准化相对的概念,一般指向那些具体但不明确的服务需求,一般没有统一衡量标准和固定输出渠道,产品特性和服务形式相对个性化。标准产品(标品)也就是有规格的产品,可以明确型号,多数是高度同质化的,受价格影响较大,大品牌具有超强的溢价能力。一般来说笔记本、手机、电器等多属于标品类目。非标准产品则是高度个性化、差异化的,多半需要结合创造力、审美、经验和知识,既难以被机器取代,又不可能大规模生产,品牌并没有压倒性优势,女装、鞋子等多属此类。

实体产品,无法预先生产;服务购买的周期很长,下单完成购买可能只是工作的开始;服务交易的品类跨度也非常大,例如"VI、动画的交易方式和流程完全不一样,动画是按秒来计算。装修和推广又不一样,推广是按流量来付费",①这决定了服务交易的复杂性。

低频交易

周鸿祎曾经说过,产品需要满足的三个特点是:痛点、高频、刚需。换言之,一个产品想要在市场中抢占一定份额,要从一个用户高频使用的点切入才行。② 相对而言,低频产品可能是刚需、痛点,但由于发生频率太低,很难凝聚客户,婚庆、家装、医美等都属于典型的低频产品。对于低频产品,技术运营很难再引导用户行为,谁能拿到核心资源谁就能抓住用户。③ 而无论是品牌设计,还是网站、软件开发,买家都是企业级用户,这类客户可能一辈子只需要一次VI,只开发一个网站,交易极低频,获客成本极高。

决策理性

客户以中小微企业居多,消费决策的过程非常理性,更为致命的是,他们大多是对设计一窍不通的非专业买家。④

---

① 李根:《猪八戒网衰进:低频非标服务网站何以估值百亿?》(2015年10月25日),新浪,http://tech.sina.com.cn/i/2015-10-23/doc-ifxkaiqx4222739.shtml,最后浏览日期:2018年8月29日。
② Lighthouse互联网深度分享 mp:《谁说低频产品没有春天?》(2017年8月12日),搜狐,http://www.sohu.com/a/164143970_505870,最后浏览日期:2018年8月28日。
③ 于晓松:《低频刚需产品:如何提供粘性和留存》(2018年4月16日),产品壹佰,http://www.chanpin100.com/article/106534,最后浏览日期:2018年8月28日。
④ 投黑马:《猪八戒网潜伏九年估值百亿!做的是世界上最烂的生意,值得学习的有哪5点?》(2015年9月19日),个人图书馆,http://www.360doc.com/content/15/0919/15/2209670_500098103.shtml,最后浏览日期:2019年7月9日。

社会责任：企业发展的助推剂

服务交易模式

威客模式①

（1）本地 O2O 众包模式。这类企业定位为本地服务交易平台，提供广泛的服务。以国外的 Thumbtack 为例，消费者提出需求，服务者竞争上岗；消费者的邀请分配给附近的服务者，服务者给出报价及服务描述；Thumbtack 收取中介费用。目前，国内知名的滴滴出行、河狸家等都属于此模式。②

（2）不受地理位置限制的众包模式。以国外的 Upwork、Freelancer，中国的猪八戒网、任务中国为代表，买家提出项目需求，卖家"投标接活"。国外的网站主要靠抽取佣金盈利，倾向于保护自由职业者（卖家）的利益，通常只需要自由职业者提供自己的相关经历和作品即可，无须完成作品。国内网站则一般要求卖家必须提交方案，一般也以悬赏、招标、抽取佣金为主要盈利模式，但近年来任务中国等网站先后取消交易佣金，盈利模式更加多样化。

分类信息模式

分类信息网站的出现满足了人们对更高效、更精准获取信息的需要。分类信息网站相当于线上公告栏，为个人信息交换和商业信息发布提供本地化的平台，本质还是提供黄页

---

① 2005 年，中科院研究生刘锋在其论文中首次总结了威客的概念：人的知识、智慧、经验、技能通过互联网转换成世纪收益的互联网新模式，主要应用包括解决科学、技术、工作、生活、学习等领域的问题。
② 齐鲁晚报：《13 亿估值的 Thumbtack 模式如何在国内占领一席之地》（2017 年 5 月 24 日），凤凰网，http://news.ifeng.com/a/20170524/51154560_0.shtml，最后浏览日期：2018 年 8 月 28 日。

服务。58同城①即属此类。②

威客时代的猪八戒网

群雄争霸

猪八戒网创立的2006年前后,中国庞大的第三产业一直处于离散状态,缺少议价能力,服务半径有限;买家众多且分散,而以阿里巴巴为代表的电子商务网站的兴起启发创业者去建立中间平台,以实现知识、智慧、技能、经验以及在此基础上形成的创意产品通过互联网进行交易。在猪八戒网上线之前,中国市场上已经活跃着多个同类网站。当时,市场上的领头羊是K68,紧随其后还有威客中国、任务中国等几乎同期创立的网站,猪八戒网只是其中名不见经传的一个(见附录3-1)。58同城等服务信息发布网站与猪八戒网相似,但朱明跃认为他们的业务逻辑完全不同:猪八戒网面向中小微企业提供服务,58同城主要面向个人生活服务;猪八戒网可以完成在线交易,58同城则是广告模式无法交易;猪八戒网介入交易过程,流程规范、信息真实、交易明确;58同城既不参与交易流程,也不对信息真实性负责。③

---

① 58同城成立于2005年12月,定位于本地社区及免费分类信息服务,帮助人们解决生活和工作所遇到的难题,本地化、自主且免费、真实高效是其三大特色。
② 李妍:《58同城商业模式(一):分类信息网站的生存逻辑》(2013年10月9日),雪球-李妍的雪球原创专栏,https://xueqiu.com/8689584849/25570975,最后浏览日期:2018年8月28日。
③ 陈威如、许雷平:《猪八戒网:服务交易平台取经路》,中国工商管理国际案例库,2015年。

社会责任：企业发展的助推剂

买家主导的悬赏与招标模式

猪八戒网最初的运营模式是悬赏，创意服务的买家在平台上公开发布自己的需求并列明悬赏金额，看到信息的卖家竞标提供服务，最终买家选择自己最满意的作品并向某个卖家支付悬赏费用。K68、任务中国等网站也是采取类似模式，只是抽佣比例不同。

很快，朱明跃就发现了悬赏模式存在的问题："2009 年，我们发现'悬赏'仅能满足一些工作时间短且任务量不大的创意交易。如果针对开发一个费时较长，甚至要动用整个团队的力量去完成的任务，则很少有人愿意参与，因为他们担心自己的创意无果而白白浪费自己的时间和精力。"① 不仅如此，威客们的劳动成果也存在被窃取的风险。

为此，猪八戒网开创了一种新的交易模式——招标，即创意需求方先把需求发布出来，看看哪些威客感兴趣，然后再从中选定，确定服务商后，由该服务商提供服务。② 与此同时悬赏模式依然保留以满足草根需求。猪八戒网针对买家推出服务宝业务，为用户担保交付物不存在抄袭、作弊等情况，出现问题双倍赔付；方便、安全与便宜的服务使猪八戒网成为卖家重要的获客渠道。③

卖家为主的店铺模式

到 2011 年，市场环境已经发生巨大变化：一方面，猪八

---

① 史亚娟：《猪八戒网：诚信"叩开"威客之门》，《创新时代》2012 年第 4 期，第 56—59 页。
② 同上。
③ 同上。

3 猪八戒网：不忘初心

戒网的买家中企业用户比重增加，需求愈加复杂；另一方面，以往以个人为主的威客为满足复杂任务的需要而联合，威客逐渐从纯个人的形式向公司化形式转变——"一些先前通过猪八戒网结识的威客就会自发地组成一个个虚拟小组，共同认领这些复杂任务，再私下分工合作，甚至开始萌生成立公司、共同创业的想法，还将业务范围延伸到了下游的生产制造环节"①。猪八戒网明确定位于满足60%中间用户的主流需求，并基于此通过"腾云4号"升级行动将以买家发需求悬赏招标为主的模式转变为以卖家店铺化为主的模式。② 在这种模式下，卖方可以在猪八戒网上开店铺、作展示，用户直接到店铺选择服务进行交易，猪八戒网不介入交易管理，但收取交易佣金。

有所为

构筑诚信体系在其他威客网站以"最专业、任务发布数量最多"为标榜的时候，猪八戒网率先打出了"最诚信的威客网站"的旗号③。朱明跃认为服务最核心的要素就是诚信和安全，猪八戒网运营总监丁然对此做了进一步解释："威客行业中，大多数网站都是以'永不退款'为准绳的，但猪八戒网上的所有交易，主要没有一个人投标或者抢标，猪八戒网官方承诺全额返款。"④不仅如此，猪八戒网还根据所有交易记录和评

---

① 丁家乐：《"威客"幸存者》，《二十一世纪商业评论》2011年第6期，第73—75页。
② 史亚娟：《猪八戒网：诚信"叩开"威客之门》，《创新时代》2012年第4期，第56—59页。
③ mwe7361：《猪八戒网：在网上"贩卖"服务》(2018年2月15日)，腾讯云·资讯，https://cloud.tencent.com/info/4ab77354e431b51a5ab191a7da4ee6ea.html，最后浏览日期：2019年7月9日。
④ 史亚娟：《猪八戒网：诚信"叩开"威客之门》，《创新时代》2012年第4期，第56—59页。

价信息设计出一套特有的服务商能力等级评定模式,建立了从"猪一戒"到"猪三十二戒"的等级体系[1],等级越高,佣金比例越低。2015年1月,猪八戒网发布了诚信委员会制度[2](见附录3-2),建立了相对健全的仲裁处理体系。

建设安全体系买家发布需求,需要将佣金委托猪八戒网监管,无论最终的方案如何修改,都不允许退款,这最大限度地防范了任务发布者不支付佣金的风险。[3] 2012年,猪八戒网将支付部门剥离,拿到了全国性互联网支付牌照,保障沉淀在猪八戒网的预付资金的安全。[4]

杜绝腐败猪八戒网内部有一个"天条":严禁员工参与平台接单,如有发现立刻开除。员工比卖家更懂得游戏规则,一念之间就可以帮助卖家增加收入,因此,也有一些卖家通过不正当手段拉拢猪八戒网的员工,猪八戒网对此类腐败坚决禁止。[5]

有所不为

不免佣

佣金策略并不代表威客模式的成熟方式,佣金收得越高,

---

[1] 王颖春、秦浩:《朱明跃:猪八戒目标是3年在纳斯达克上市》(2014年10月21日),中国证券报·中证网,http://www.cs.com.cn/ssgs/gsxw/201410/t20141021_4540379.html,最后浏览日期:2018年8月29日。

[2] 《猪八戒网诚信委员会制度》(2015年1月15日),猪八戒网,http://news.zbj.com/article-id-2325.html,最后浏览日期:2018年8月29日。

[3] 王颖春、秦浩:《朱明跃:猪八戒目标是3年在纳斯达克上市》(2014年10月21日),中国证券报·中证网,http://www.cs.com.cn/ssgs/gsxw/201410/t20141021_4540379.html,最后浏览日期:2018年8月29日。

[4] 陈威如、许雷平:《猪八戒网:服务交易平台取经路》,中国工商管理国际案例库,2015年。

[5] 陈威如、许雷平:《猪八戒网:服务交易平台取经路》,中国工商管理国际案例库,2015年。

平台上的服务商就越想逃单。① 早在 2007 年,任务中国就宣布不再收取佣金;2010 年成立的一品威客网也采取了免佣策略。是否跟进成为困扰朱明跃的问题,毕竟,交易佣金几乎是猪八戒网全部收入的来源。朱明跃也曾考虑过把佣金比例降到 15% 甚至 10%,但调查发现用户对佣金比例并不敏感。更重要的是,朱明跃认为如果不收佣金,卖家就可以无限制地刷单,在猪八戒网刷单又不像在淘宝刷单那样有一定成本,因此会导致整个体系崩溃。朱明跃在体系可靠性和佣金减免上反复思量,最终采取了这种办法:建立信用体系,将信用体系与佣金挂钩。② 2013 年起,猪八戒推出了降低佣金比例的"会员产品",会员产品体系包含"普通、银牌、金牌、钻石、皇冠"五个等级,依照等级不同,享有不同的交易佣金比例③,这让服务商的劳动增加了更多的价值。④

不自营

猪八戒网成立后的 5—6 年内,收入都还没有前几名的服务商高,但是,猪八戒网始终以平台为定位,从没有考虑过自己成为服务商,以赚取更多收入。

不分心

2011 年,IDG 注资 1 000 万美元参股猪八戒网,并指出猪

---

① 《揭秘!猪八戒网"免佣"全记录》(2015 年 6 月 15 日),猪八戒网,http://news.zbj.com/article-id-8593.html,最后浏览日期:2018 年 8 月 31 日。

② 陈识:《听猪八戒网 CEO 朱明跃讲讲他所走过的弯路》(2015 年 4 月 6 日),21 世纪商业评论,http://roll.sohu.com/20150406/n417863676.shtml,最后浏览日期:2018 年 8 月 31 日。

③ 银牌和金牌分别收取 15% 和 10% 的佣金,钻石会员仅收取 8% 的佣金,而其中最受关注的皇冠会员,佣金更是低至 5%。

④ 《揭秘!猪八戒网"免佣"全记录》(2015 年 6 月 15 日),猪八戒网,http://news.zbj.com/article-id-8593.html,最后浏览日期:2018 年 8 月 31 日。

社会责任：企业发展的助推剂

八戒网每个交易背后潜藏的巨大交易机会。其实早在2008年，猪八戒网就尝试过产业延伸，组建了专业的团队做当时风靡一时的个性化印制的服务商，结果"死得一塌糊涂，现在还剩几台热转印机在我们库房里"①。对于投资商的这次建议，朱明跃头脑清醒："若现在往深处走，战线纵向拉长，横向变粗，组织系统与运营都会受到很大挑战，企业会面对很多陌生领域，我们并没有准备好。"②"创业者每到一个阶段，总会遇到各种诱惑，一不小心就会走上岔路。几年前北京有一个做威客网站的创业者，本来是很好的竞争对手，后来却转向去淘宝和天猫上开女装店了。"③这让朱明跃很是唏嘘。

不搬家

2007年，猪八戒网首次融资获得了博恩科技的500万元风险投资，朱明跃不敢乱花钱，仍然在那个几十平方米的小平房里办公，并提出"每天一万，解决吃饭"的口号④，将投资人的钱用在刀刃上。几轮融资后，猪八戒网有钱了，搬到北上广的论调又被旧事重提，朱明跃坚持了自己的意见："因为在重庆，我们才能作为一个慢公司活下来，员工在工作中更能沉静下来做自己的事情，而我才有机会，在慢下来的过程中，用简

---

① 陈识：《听猪八戒网CEO朱明跃讲讲他所走过的弯路》(2015年4月6日)，21世纪商业评论，http://roll.sohu.com/20150406/n417863676.shtml，最后浏览日期：2018年8月31日。

② 周江：《朱明跃：角度决定高度》，《董事会》2012年第4期，第34—36页。

③ 陈识：《听猪八戒网CEO朱明跃讲讲他所走过的弯路》(2015年4月6日)，21世纪商业评论，http://roll.sohu.com/20150406/n417863676.shtml，最后浏览日期：2018年8月31日。

④ 中国企业家：《"猪八戒"为何能拿到26亿?》(2015年6月18日)，网易，http://tech.163.com/15/0616/15/AS87ANHN00094ODU.html，最后浏览日期：2018年9月8日。

单真诚来吸引更多的人才,走到现在。"此外"重庆市政府大力扶持猪八戒网这样的创新企业"①,也为企业提供了产业引导基金。

平 台 时 代

免佣模式

2015年6月,猪八戒网权衡利弊,宣布对除比稿、计件以外的交易方式取消20%的交易佣金。猪八戒网市场总监郭军表示,对比稿和计件的悬赏模式保留20%的佣金主要为了是防止出现骗稿和套创意的情况。取消佣金对服务商来说,掘金之路上再无"过路费",无疑是一个好消息。

从服务中收益

失去了赖以生存的佣金,猪八戒网开启了全新的商业模式,朱明跃将其形容为"在'数据海洋'开通一个个'钻井平台'"。猪八戒网多年来积累了海量的用户资源、服务商资源和大量的原创作品库,这些沉淀在交易平台上的资源(数据海洋)可以为平台和用户双方创造更多的价值(钻井平台)。②

"猪标局"是新模式的第一个产物。2014年下半年,猪八

---

① 严寒一冬:《从500万到26亿猪八戒网是怎么做到的》(2016年1月11日),新浪博客,http://blog.sina.com.cn/s/blog_617ea2a30102wezx.html,最后浏览日期:2019年7月9日。
② 投黑马:《猪八戒网潜伏九年估值百亿!做的是世界上最烂的生意,值得学习的有哪5点?》(2015年9月19日),个人图书馆,http://www.360doc.com/content/15/0919/15/2209670_500098103.shtml,最后浏览日期:2019年7月9日。

社会责任:企业发展的助推剂

戒网开始追踪调查标志设计结束后的买家行为,发现他们大多立刻去进行版权登记和商标注册,毕竟是买来的设计,万一与服务商产生著作权、版权问题会很麻烦。但商标注册行业的高收费(1 800—2 000 元/单)、"霸王条款"(注册不成也不退款,还可能会有新的收费)和潜规则(前期压低报价,主要通过受理未通过后续的法律服务获得利润,对公司而言是浪费了一年的审核周期①)让用户望而生畏,但知识产权保护是刚需②,许多客户不得不忍痛"割肉",却也只能得到 40%—46%的通过率③。依托这些数据分析,猪八戒网从用户心理和体验出发,推出两款产品,一是 1 300 元的基本注册;二是 1 800元的加急担保注册。④ 后者承诺不过退款,这种设计将平台和用户的利益统一起来,倒逼服务人员提升专业性和服务品质。成立一年多后,猪标局团队规模达到 300 多人,平均每天 1 900 多家公司提交约 6 000 个商标注册申请,其中成交数量在几百个左右,营业额超过 1 亿元,通过率可达 90%以上。⑤

随着业务量的扩大,猪八戒网的雇主开始细分:有的是

---

① 糖醋:《猪八戒网免佣金背后:基于数据挖掘的知识产权服务商"猪标局"》(2015 年 8 月 7 日),36 氪,https://36kr.com/p/5036041,最后浏览日期:2019 年 7 月 9 日。
② 众时代:《读懂猪八戒网之:猪标局是个什么局???》(2015 年 6 月 26 日),搜狐财经,http://www.sohu.com/a/20219878_198740,最后浏览日期:2018 年 8 月 31 日。
③ 糖醋:《猪八戒网免佣金背后:基于数据挖掘的知识产权服务商"猪标局"》(2015 年 8 月 7 日),36 氪,https://36kr.com/p/5036041,最后浏览日期:2018 年 8 月 31 日。
④ 众时代:《杜东猪八戒网之:猪标局是个什么局???》(2015 年 6 月 26 日),搜狐财经,http://www.sohu.com/a/20219878_198740,最后浏览日期:2018 年 8 月 31 日。
⑤ 糖醋:《猪八戒网免佣金背后:基于数据挖掘的知识产权服务商"猪标局"》(2015 年 8 月 7 日),36 氪,https://36kr.com/p/5036041,最后浏览日期:2018 年 8 月 31 日。

初创企业,喜欢找质优价廉的服务;有的是大中型企业,更喜欢选择高品质的专业服务。① 2015年7月,天蓬网从猪八戒网分拆出来,专注中高端服务,以企业服务商为主,靠运营驱动,满足大中型企业的服务需求。② 天蓬网对服务商入驻设立了严格的审核机制,服务商想要入驻天蓬网必须提供服务案例及合同资料,平台还会实地考察服务商,对服务商的资质、案例、承接能力进行现场评估,首批共有3000家优质服务商入驻。天蓬网也针对不同用户主体的需求改变了业务流程:针对政府用户,天蓬网推出了阳光采购平台,保证服务采购流程的公开透明;面向大中型企业用户,天蓬网推出了企业对公转账,符合大型企业财务流程。③

赋能双赢

产品标准化

有人提出"把非标准化的服务进行标准化操作,是必须经历的一道坎,也是众包平台取得快速发展必须要有的一步,唯有如此,服务众包平台才得生机"④。2015年,为满足更多客户不同类型的建站需求并推动开发建站行业的快速发展,猪八戒

---

① 重庆晚报:《猪八戒网新十年挥刀自斩,"分家"的天蓬网已悄然上线》(2017年3月31日),网易,http://news.163.com/17/0331/01/CGQOMSCS00018AOP.html,最后浏览日期:2018年9月5日。
② 中国网:《立足平台战略,分拆出天蓬网,朱明跃要再造一个猪八戒网》(2017年1月5日),环球网,http://finance.huanqiu.com/cjrd/2017-01/9909272.html,最后浏览日期:2018年9月5日。
③ 重庆晚报:《猪八戒网新十年挥刀自斩,"分家"的天蓬网已悄然上线》(2017年3月31日),网易,http://news.163.com/17/0331/01/CGQOMSCS00018AOP.html,最后浏览日期:2018年9月5日。
④ 美田社讯:《将非标准化服务标准化,服务众包平台才能迎来春天》(2018年3月29日),百度百家,https://baijiahao.baidu.com/s?id=1596258043383903090&wfr=spider&for=pc,最后浏览日期:2018年9月6日。

网基于已经拥有的全国数百万开发建站人才、团队,推出了该行业第一个标准化产品。猪八戒网策划企业站专题活动,活动页面直接明了地展示了基础实用型、增强精英型、高端大气型三种不同类型企业站的产品参数,涵盖信息发布、产品展示、人才招聘、联系我们等16项功能特点,客户可以直接根据自己的需求参考产品参数选择最合适的企业站类型。[①](见附录3-3)

交易管理

2018年2月5日,央视新闻频道播出了《揭秘"网络水军"生意经:只要给钱什么新闻都能发》的独家调查,揭露了"水军"灰色产业链。早在此前,猪八戒网就一直主动筛查平台内是否存在"刷榜"等业务,并多次打击平台内的相关违法业务,发现一起打击一起。2016年,猪八戒网上线"八戒110",对平台商家违反平台规则的刷单、违法发布信息侵权、引流等违规行为,接受实时举报与监督。2016年中央电视台"3·15"晚会中,一段不法分子假装在猪八戒网以建站的旗号交易公民隐私信息的视频被曝光。第二天,工商、公安、网监立刻到猪八戒网清查,结果发现确实有人伪造了这样一个交易,但已经被猪八戒网的风控团队发现并拦截,交易并没有成功。[②] 2018年1月15日起,猪八戒网集中治理平台上涉嫌"虚假营销"的相关服务,规定平台上的知识工作者不得参与涉嫌虚假营销的经营行为,此次集中整治对可能违规的88个

---

① 《开发建站行业第一个标准化产品出炉速来体验吧》(2015年4月17日),猪八戒网,http://news.zbj.com/article-id-8118.html,最后浏览日期:2018年9月6日。

② 娄月:《猪八戒网创始人兼CEO朱明跃:别动不动就讲颠覆,适应用户需求才是真理》(2017年5月12日),财经天下,http://news.zbj.com/article-id-15313.html,最后浏览日期:2018年9月7日。

在售服务类目做了服务发布限制,涉及 196 个商家,下架 24 525 个服务。猪八戒网还增加了 160 个敏感关键词,通过关键词摸排对全站的再受服务进行清洗。猪八戒网表示对此类违法行为态度明确、坚决——"抵制一切行为的虚假营销服务交易行为,积极维护健康、合法合规的网络生态环境"。①(见附录 3-4)

建立销售团队

2015 年,猪八戒网决定在全国建立销售团队,用五六个月的时间进入全国 26 个城市。在城市的选择上,朱明跃也坚持了一贯的思考:"用户在哪里,你就应该去哪里……越是新疆、内蒙古等地的企业,越需要得到互联网的灌溉,在品牌建设、记账报税和营销推广上,他们比北上广的企业更需要猪八戒。"经济下行形势下,企业都要"节衣缩食",以往找的 4A 公司,动辄报价几十万、几百万,而现在猪八戒网上只要几万块钱就可以实现。到 2015 年,国内已经有 200 多万家企业在猪八戒网的平台上完成了标志设计;与此同时,猪八戒网的客户资源养活了 10 余万家公司。②

取消自营

2014 年初,猪八戒网开始尝试通过外包给商标公司做知识产权的延伸服务,结果都做死了。"传统行业有一些不成文的规定,十分牢固,如果只是简单地把这些专业服务机构聚合

---

① 猪八戒网头条:《央视起底"水军"产业链,猪八戒网严打违法营销服务》(2018 年 2 月 6 日),搜狐,http://www.sohu.com/a/221142194_650412,最后浏览日期:2018 年 9 月 6 日。

② 娄月:《猪八戒网创始人兼 CEO 朱明跃:别动不动就讲颠覆,适应用户需求才是真理》(2017 年 5 月 12 日),财经天下,http://news.zbj.com/article-id-15313.html,最后浏览日期:2018 年 9 月 7 日。

起来,将其平台化,他们肯定不愿意上来,因为是既得利益者。然后买家的权益也得不到保障,单价高、服务差。"猪八戒网不得不采取了自营措施,对外宣布两条规则:一是降低价格,二是不过全额退款。"我如果不做自营,第一,建立不起对这个行业的认知;第二,也积累不了那么多的市场份额。"到了2015年,猪八戒网就已经成为中国最大的商标代理公司。"我们的目标不是做一个中国最大的商标代理公司"[①],2016年朱明跃提出:2017年,猪八戒网将在知识产权、财税、法律等领域取消自营,实现平台化,以共享、开放、共赢的心态,创建与服务商、创业企业的共生、共赢。[②]

孵化器时代:走向线下

国家政策

2014年9月,李克强总理在达沃斯论坛上首次发出"大众创业,万众创新"的号召。2015年6月16日,国务院发布《关于大力推进大众创业万众创新若干政策措施的意见》,从9个领域、30个方面明确了96条政策措施,到2015年8月止,中央层面已经出台过至少22份促进创业创新的相关文件。与政府大力推动的举措相悖的是创业企业的生存现状。

[①] 娄月:《猪八戒网创始人兼CEO朱明跃:别动不动就讲颠覆,适应用户需求才是真理》(2017年5月12日),财经天下,http://news.zbj.com/article-id-15313.html,最后浏览日期:2018年9月7日。
[②] eNet&Ciweek:《互联网+服务交易大会上猪八戒网取消自营全面平台化搭建共生模式双边生态》(2016年12月21日),硅谷动力,http://www.enet.com.cn/article/2016/1221/A20161221024289.html,最后浏览日期:2018年9月7日。

3 猪八戒网：不忘初心

2014年4月，工商总局发布的《全国小微企业发展报告》显示，近50%的小微企业反映市场需求不足、产品销售困难。初创期企业普遍存在规模较小、成本较高、技术落后或者单一、融资困难、人才不足等问题。如何提高创业企业长期成活率是亟待解决的重要问题。

为此，2016年国务院发布《国务院办公厅关于加快众创空间发展服务实体经济转型升级的指导意见》规定：充分利用现有创新政策工具，挖掘已有政策潜力，加大政策落实力度，形成支持众创空间发展的政策体系。科技部数据显示，到2017年底全国有4 298家众创空间，服务创业团队和初创企业40万家，带动就业超过200万人，帮助1.5万个服务的团队和企业获得总额约为539.6亿元人民币的投资。[1] 众创空间、创意园区、联合办公等新办公业态正在迅速崛起并为更多企业所接受，一些大型企业也开始入驻此类园区或联合办公场所，与小微企业一起办公，营造了更好的企业生态。但多数众创空间的运营却并不尽如人意，盲目扩张的现象尤为严重。有企业家在接受采访时表示"比如我听说过中西部地区的一个乡都要搞创业园、产业园，其实五线，甚至六线城市根本没有这么多的企业入驻"；另有企业家同样表示"在并不具备那么多企业的三线甚至四线城市，布局大规模的众创空间、创业园区无疑是一种冒进"。这位企业家更是直言"保守的说六成以上，就连北京、上海这样的一线城市市场也存在这种现象，二三四线城市就更严重了。有的企业政府补贴占它利润的

---

[1] 澎湃新闻：《众创空间过剩业内：超六成创业园靠政府补贴或者》（2017年9月21日），网易，http://money.163.com/17/0921/09/CURKQC12002581PP.html，最后浏览日期：2018年9月8日。

社会责任：企业发展的助推剂

100%。"2016年2月，位于深圳南山区的一家众创空间"地库"因经营不善倒闭，其创始人在分析倒闭原因时说"入住率太低，不到一半；竞争压力太大，同质化问题严重"。①

2015年在与重庆仙女山景区主管部门合作的过程中，猪八戒网敏锐地捕捉到了政府尤其是三四线城镇的政府"众创"园区运营不善、招商困难的痛点。地方政府都有扶持当地中小微企业的使命，然而，政府除了有政策支持和税收补贴外，没有持续的市场资源，很难依靠一己之力完成任务；而产业升级所需要的设计能力、品牌营销和推广能力，恰恰是猪八戒网所具备的。② 因此猪八戒网受到了地方政府的欢迎，地方政府免费请他们入驻并经营园区。由此，猪八戒网开始进入线下孵化器的业务领域，开始在各地建设Zwork③园区（八戒工场）。

赋能升级

2017年9月9日，猪八戒网的Zwork全球战略发布会在重庆举行，此前的一年，Zwork已经展现出了迅猛的发展势头，已落地24个省（区、市）的34座城市，园区面积达13万平方米，一期开放入住率超过80%。④

---

① 澎湃新闻：《众创空间过剩业内：超六成创业园靠政府补贴或者》（2017年9月21日），网易，http://money.163.com/17/0921/09/CURKQC12002581PP.html，最后浏览日期：2018年9月8日。
② 王高、朱琼：《猪八戒网：腾云中的迭代升级（试用版）》，中国工商管理国际案例库，2017年。
③ Zwork八戒工场（zwork.zbj.com）是猪八戒网以"为人才服务"为企业使命打造的O2O运营平台，以线下办公空间为载体、精英社群为抓手，为全球人才提供高效协作的办公体验、资源开放共享的社交空间、企业成长生命全程管家服务。
④ 重庆商报：《猪八戒网Zwork全球布局战略发布打造知识工作者社区》（2017年9月13日），新浪财经，http://finance.sina.com.cn/roll/2017-09-13/doc-ifykuftz6578783.shtml，最后浏览日期：2019年7月9日。

基于资源和能力优势,猪八戒网将 Zwork 的服务对象定位为知识工作者,"知识工作者是一单一单在做生意,死亡率相对小很多……另外,Zwork 可以将线上平台来的商机分发给入驻者,在降低入驻者获客成本的同时获取商机服务收入"①。

除了工位、办公室租赁这些传统的基础服务,Zwork 借助猪八戒网为创业公司提供商标注册、版权申报、财税管理、人事管理等一系列服务。Zwork 园区经常组织各种形式的交流活动,不仅有创业者间的经验分享,还有一些人才交流会供创业者甄选人才。有些企业,如重庆同心协力科技有限公司的创始人就将其公司的人事管理包括员工购买五险一金等外包给了 Zwork,"园区会收服务费,但比市场价便宜"②。无独有偶,好梦学车的创始人也提出园区里不仅有技术人才,还有创意人才,沟通方便,他创业之初需要做的事在园区里都能消化掉,节省了大量时间和人力成本。③

截至 2018 年 9 月 9 日,Zwork 在我国境内覆盖了 35 个城市,共建有 37 个社区,设有 5 249 个工位,吸引到 791 家企业入驻。④(见附录 3-5)

向八戒小镇进化

2017 年初,基于 Zwork 的实践,猪八戒网提出八戒小镇的概念,并以相对便宜的价格从重庆两江新区购得 1 600 亩

---

① 王高、朱琼:《猪八戒网:腾云中的迭代升级(试用版)》,中国工商管理国际案例库,2017 年。
② 同上。
③ 同上。
④ 资料来自八戒工场官方网站,https://work.zbj.com/。

社会责任：企业发展的助推剂

地建设了第一个八戒小镇。① 政府与猪八戒网将围绕产业聚集和智慧城市空间示范两个方面进行合作，一方面利用猪八戒网的平台优势，深度推动本地化共享经济的发展，带动当地人才汇集；另一方面在智慧治理、智慧社区、智慧养老、智慧旅游等方面发力，促进城市规划、建设、管理和服务的智慧化。② 除重庆以外，20余个城市政府都表示希望八戒小镇落户当地给当地带去人气并带动产业升级。猪八戒网也会根据当地情况策划不同的园区主题，例如2017年在徐州策划的就是以外包服务为特色的小镇。

成就别人，成就自己

朱明跃很喜欢分享2013年发生在北京一家咖啡厅的故事。彼时，一位设计界大咖毫不客气地当面指责猪八戒网把设计师的价值贬低了，把整个设计行业搅浑了。面对咄咄逼人的质问，朱明跃反问了两个问题：一是作为中国最大的设计公司，你到底服务了多少客户？二是你到底养活了多少设计师？他得到了两个数字：一年100家，700个，这个数字在设计行业很是难得，大咖回答的时候不无骄傲。朱明跃不疾不徐地回应："中国有8 900万家市场主体，每天以5万家的速度增长，你服务100家，那剩下的8 000多万家需要转型升

---

① 王高、朱琼：《猪八戒网：腾云中的迭代升级（试用版）》，中国工商管理国际案例库，2017年。
② 刘春雪：《八戒小镇落户两江新区龙盛片区助推互联网产业聚集》（2017年1月25日），两江新区官网，http://www.liangjiang.gov.cn/Content/2017-01/25/content_332218.htm，最后浏览日期：2018年9月8日。

3 猪八戒网：不忘初心

级，需要专业的品牌营销服务，指望谁？中国有几千万设计从业者，上亿设计爱好者，他们无法迈入你们的门槛，但希望运用自己的专业能力服务世界，成就个人价值，在互联网时代实现就业与创业。"大咖闻言，态度立刻缓和了。[①]

时至今日，或许我们可以透过猪八戒网副总裁丁然在接受采访时的一席话窥探这家企业始终坚持的自我定位："我们内部在讲平台价值的时候，我们都会提到我们不光是一个挣钱的商业公司，我们的肩上还担负着很重的社会责任感和社会使命。因为有很多人在我们这个平台挣钱、生存甚至改变他们自己的工作方式，甚至有些人他们辞去原来比较稳定的工作，加入这个平台，跟我们一块把平台做大，同时成就他自己的一些创业梦想。当这个平台有越来越多这样的人的时候，我们就会觉得自己的责任感越来越重。"[②]

企业总是要在不断地解决问题中成长，对猪八戒网亦是如此。"他们没有深度调研我们用户的痛点，我们小微企业需要的就是反应迅速"，一位入驻Zwork的创业者有些不满，"我要在成都建一个点，但他们成都园区半年都落实不下来"，想外包给园区的招聘也没有落地。[③] 重担千钧，猪八戒网还有很长的路要走。

[①] 创业黑马学院：《朱明跃：你来做一个100亿的平台试试？》(2017年6月13日)，搜狐网，http://www.sohu.com/a/148469167_440492，最后浏览日期：2018年9月10日。
[②] 《猪八戒网副总裁丁然：我们如何从几个人、几条"枪"做到市值百亿》(2016年2月19日)，猪八戒网，http://news.zbj.com/article-id-11087.html，最后浏览日期：2018年8月20日。
[③] 王高、朱琼：《猪八戒网：腾云中的迭代升级（试用版）》，中国工商管理国际案例库，2017年。

附录3-1　国内外主要服务外包平台概况

平台名称	地区	创立时间	平台特色
Freelancer	海外	2004	世界上最大的自由职业者和外包服务网站，上面的任务发布者和接活的人都以个人居多，小型的任务占多数，任务款较少，是一个适合新人们熟悉外包接活模式的网站。截至2018年9月，共拥有29 924 773位注册用户，发布14 592 729个工作。
Elance	海外	1999	网上竞标平台的始祖，2013年被oDesk收购。
oDesk	海外	2003	从注册到接活的过程过于严谨，需要提交作品、案例，还需要完成使用规则考试和其他的专业考试。2015年改版为Upwork。
Upwork	海外	2015	由成立于1999年的Elance和成立于2003年的oDesk合并而得的oDesk在2015年改版而成，号称全球最严谨规范的综合类人力服务平台，平台会定期清理低端自由职业者和违规用户。
Fiverr	海外	2010	侧重设计、网络营销之类服务中的低端快餐式服务。
任务中国	中国	2006	中国IT外包供应商最多、性价比最高的外包交易平台。
K68	中国	2003	中国第一家真正意义上的商业威客模式网站。
一品威客网	中国	2010	专业的创意产品和服务交易电子商务平台，以"网站全免费，服务不打折"为目标。

3 猪八戒网：不忘初心

(续表)

平台名称	地区	创立时间	平台特色
时间财富网（原威客中国）	中国	2006	国内威客网站代表之一，拥有会员1 044余万人，发布42余万个任务，悬赏总额达210 234余万元。

资料来源：美田社讯：《将非标准服务标准化，服务众包平台才能迎来春天》（2018年3月29日），百度百家，https：//baijiahao.baidu.com/s?id=1596258043383903090&wfr=spider&for=pc，最后浏览日期：2018年9月9日；时间财富网，http：//www.vikecn.com/，最后浏览日期：2018年9月9日；时间财富网百科词条，https：//baike.baidu.com/item/%E6%97%B6%E9%97%B4%E8%B4%A2%E5%AF%8C%E7%BD%91/5301653?fromtitle=%E6%97%B6%E9%97%B4%E8%B4%A2%E5%AF%8C&fromid=5061913&fr=aladdin，最后浏览日期：2018年9月9日；Freelancer官方网站，https：//www.freelancer.com/about，最后浏览日期：2018年9月9日；Upwork，https：//www.topworker.cn/freelancing/upwork.html，最后浏览日期：2018年9月9日；一品威客网百科词条，https：//baike.baidu.com/item/%E4%B8%80%E5%93%81%E5%A8%81%E5%AE%A2%E7%BD%91，最后浏览日期：2018年9月9日；K68百科词条，https：//baike.baidu.com/item/k68/9038321?fr=aladdin，最后浏览日期：2018年9月9日。

附录3-2 猪八戒网诚信委员会制度

第一章 总　则

第一条 为维护猪八戒网秩序,更好地保障用户合法权益,猪八戒网用户满意中心(以下统称"猪八戒网")根据《猪八戒网服务协议》和《猪八戒网服务规则》,制定本制度。

第二条 猪八戒网由猪八戒网和诚信委员会共同管理。

第三条 "敏感信息、淫秽色情、TA要求我线下交易、雇主作弊"这4类举报,由网站直接处理;其他违规行为,由诚信委员会判定后处理,网站服从并执行诚信委员会的判定结果。

第四条 诚信委员会成员通过公开招募产生。

第五条 诚信委员会成员应积极参与网站管理事务,实事求是,尽心尽职,办事公道。应热心为用户服务,接受用户监督,不得利用委员会成员身份谋求不正当的利益。

第六条 网站负责本制度的组织实施。

第二章　诚信委员会

第七条 诚信委员会成员全部在符合条件的主动报名者中产生。

第八条 诚信委员会报名条件:

1. 年满18岁,并具有民事权利能力和民事行为能力的自然人。
2. 已获得猪八戒网个人认证或机构认证。
3. 猪八戒网注册时间大于30天。
4. 报名账号已完成手机绑定。
5. 一个自然月内至少有15天登录猪八戒网。
6. 诚信度大于80分。

第九条 诚信委员会工作机制:

1. 诚信委员会参与用户举报的判定以及作弊的付费需求和弃选的付费需求的选标。
2. 诚信委员会参与判定的举报类型为除"敏感信息、淫秽色情、TA要求我线下交易、雇主作弊"这四类以外的所有举报类型。
3. 系统按照回避原则,从全体成员中随机选出11名,构成判定具体案例的诚信委员会。

4. 回避原则：

A. 委员会成员与涉嫌违规者不在同省,通过注册 IP 判断。

B. 委员会成员未与举报双方发生过或正在发生交易。

5. 被随机选出的诚信委员会成员对案例进行投票判定,并提交判定理由,若委员会成员与当事方存在关联,应放弃投票。否则视为利用委员会成员身份谋求不正当的利益。

6. 举报判定机制：

A. 诚信委员会参与猪八戒网部分类别举报的判定。各类举报类型包括：广告、涉嫌抄袭等。

B. 系统将从全体成员中随机选出 11 名对此举报进行投票判定。

C. 1) 垃圾广告及含有联系方式两类举报,一票完成判定；2) 其他举报类型若投票总数达到 6 票,且一方票数领先,完成判定。站方根据判定结果完成处理。

7. 作弊的付费需求和弃选的付费需求的选标机制：

A. 一个社会化选标需求随机分配给 11 名诚信委员会成员进行投票。

B. 24 小时内,若某一投标总票数大于 6 票(含),完成投票,该投标将获得该需求的中标资格。

C. 若 24 小时未出具选标结果,累积票数并重新发起新一轮诚信委员会投票,直到出具选标结果。同一案例的多轮委员会成员不重复。

D. 若该需求为多人中标,当某一投标上的票数大于(或等于)6 票时,投票自动停止,该投标获得一等奖中标资格,剩下的奖项以票数高低依次补齐,若出现平票,能力等级高的服务商优先。

E. 参与投票判定的诚信委员会成员将获得 1 点能力值,判定结果与最终判定结果一致的诚信委员会成员将额外获得 4 点能力值。

第十条 诚信委员会成员退出机制：

1. 成员主动要求退出。

2. 成员失去资格。出现以下任一情况即失去资格：

A. 网站将进行监督,若诚信委员存在以下几种情形,将被自动清退。

B. 判定"神秘举报"判断错误的;(神秘举报是猪八戒官方人员发起的举报,用于监督诚信委员的工作)。

C. 诚信度分值低于80分。

D. 有任何违反猪八戒网规则的行为。

3. 退出以后,半年内不允许再次加入。

第十一条 诚信委员会成员激励措施:

1. 诚信委员会成员提供专属勋章。

2. 认证说明信息中体现诚信委员会身份。

第三章 附 则

第十二条 猪八戒网按照诚信委员会判定结果所采取的处理措施,属于用户自律范畴,不代表猪八戒网立场。

第十三条 猪八戒网可依照互联网发展的不同阶段,随着网站管理经验的不断丰富,出于维护猪八戒网秩序的目的,不断完善本制度。

第十四条 本规则自发布之日起实行。

资料来源:《猪八戒网诚信委员会制度》(2015年1月15日),猪八戒网,http://news.zbj.com/article-id-2325.html,最后浏览日期:2018年8月29日。

附录3-3 猪八戒网标准化产品的界面

参考配置！

我们为您挑选更全面、更专业、更快速、更省钱的服务！

功能特点	基础实用型	增强精英型	高端大气型
功能模块	√	√	√
信息发布系统	√	√	√
产品展示系统	√	√	√
客户留言板	√	√	√
联系我们	√	√	√
人才招聘系统	√	√	√
流量分析系统	×	√	√
反馈表单系统	×	√	√
会员管理系统	×	√	√
网上调查	×	√	√
网上订单管理	×	×	√
计数器	×	×	√
SEO优化工具	×	×	√
模拟设计	√	—	—
原创设计	×	√	√
参考价值	1 000—1 500元	1 500—3 000元	3 000—5 000元

资料来源：《开发建站行业第一个标准化产品出炉速来体验吧》(2015年4月17日)，猪八戒网，http://news.zbj.com/article-id-8118.html，最后浏览日期：2018年9月9日。

附录3-4 猪八戒网2018年2月发布的打击"网络水军"的专项公告

尊敬的猪八戒网平台知识工作者：

由于互联网的快速发展、信息爆炸迸发、各种媒体平台漏洞促使"虚假营销""网络水军"等行为演变成一条巨大产值的产业链。然而，这种不真实的信息传播不仅误导了消费者、引导了舆论，也使得广大的受众对于网络信息的不信任感日趋加重。

近年来，猪八戒网秉持网络安全、诚信为己任，严厉打击"虚假营销""网络水军"等行为。2018年1月15日、1月26日猪八戒网进一步启动专项行动，两次发布公告重申此立场（《关于营销行业涉及"虚假营销"相关服务下架通知》《关于取消"微信营销""微博营销"等88个类目下服务发布功能的公告》）。以此坚决抵制一切"网络水军"业务和刷榜行为，积极维护风清气正的网络环境。

2018年1月15日至今，猪八戒网从严处置，通过核实举报和主动排查关停约24525家涉嫌"虚假营销""网络水军"业务的相关服务，并对160个敏感词汇进行深入重点排查。接下来，猪八戒网将投入更多精力，继续排查和防范平台中可能出现的"虚假营销""网络水军"等相关业务，完善相关审核机制，对于涉嫌违规知识工作者和涉嫌违规服务内容坚决打击绝不姑息，努力将猪八戒网打造成为"虚假营销""网络水军"的禁地。

2018年2月5日，央视新闻频道播出了《揭秘"网络水军"生意经：只要给钱什么新闻都能发》的独家调查内容，揭露了"网络水军"的灰色产业链。针对调查中涉嫌违规的知识工作者"广之推"，平台已于2018年1月29日下架其涉嫌违规服务共计20项，并在2月5日全面封停该店铺。

自2017年5月以来，公安部已经部署各地公安机关开展打击"网络水军"行动。如今，打击"网络水军"等虚假营销已经成为各方共识。面对纷繁复杂的互联网乱象，猪八戒网坚决维护网络意识形态安全、时刻谨记着平台不仅承担着"商业价值"，更承载着"社会价值"。我们将在有关部门的指导下，继续大力度开展排查工作，持续

3 猪八戒网：不忘初心

> 打击"虚假营销""网络水军"等违反法律法规、违反社会主义公序、良俗的行为。
>
> 请所有知识工作者全力配合，自查自纠，在全网消除"虚假营销""网络水军"，携手打造猪八戒网络诚信服务交易平台。
>
> 特此公告！
>
> 重庆猪八戒网络有限公司
平台治理中心
2018年2月5日

资料来源：《八戒平台治理，关于严厉打击"网络水军"的专项公告》(2018年2月5日)，八戒圈子，https://quan.zbj.com/thread-6628-1-1.html，最后浏览日期：2018年9月9日。

附录3-5 Zwork(八戒工场)分布

华东
上海二钢社区　上海陆家嘴社区　南京社区　淮安社区　扬州社区
南京二期社区　盐城社区　　　扬州二期社区　温州社区
杭州北部软件园社区　浙江义乌社区　杭州匠心小镇社区　铜陵社区
滁州社区　九江社区　赣州社区　南昌高新社区　菏泽社区
东营社区　济南社区　淄博临淄社区　青岛金茂湾社区　临沂社区
东营二期社区

华南
佛山顺德社区　广州越秀区289社区　东莞社区　广州流花馆社区
汕头社区　清远社区　　　　河源社区　肇庆社区
深圳福田社区　深圳龙华社区　广州江南西社区
深圳丽雅查尔顿筑梦之星社区　南宁社区　北海社区　柳州社区

华中
郑州社区　郑州二期社区　新乡卫滨社区　平顶山社区　宜昌社区
武汉社区　十堰社区　　武汉光谷社区　长沙社区　株洲天天社区
湘潭社区　岳阳社区

西南
昆明一期社区　玉溪社区　贵阳社区　成都社区　绵阳社区
四川宜宾社区　乐山社区　达州社区　四川遂宁市共享服务中心
成都WIFS社区　成都郫都共享服务中心　重庆3号楼社区
重庆8号楼社区　重庆北碚社区　拉萨国际总部城社区

西北
西安社区　咸阳社区　西安华春众创工场社区　兰州安宁社区
西宁社区　银川社区　乌鲁木齐社区　新疆昌吉社区

华北
北京中关村社区　北京华腾世纪总部公园社区　北京芬享艺术社区
北京创客小镇社区　北京雷雷伙伴社区　天津社区
天津京滨工业园社区　天津文旅产业园社区　山西晋城社区
山西长治社区　石家庄社区　呼和浩特社区

东北
沈阳社区　长春社区　吉林丰满社区　大庆高新社区　齐齐哈尔社区

点评

商业和社会价值兼备的企业才能持续

邓三红*

猪八戒网是企业的商业价值和社会价值结合得比较好的案例。它的创始团队在企业成立与发展过程中一直不忘初心,致力于把商业价值和社会价值完美地整合在一起。

在履行企业社会责任方面,猪八戒网的主要举措有:(1)为专业人才构建平台,让他们利用碎片时间为初创企业提供专业服务,达到专业人才、平台、初创企业三方共赢;(2)重视小微企业、初创企业的需求,解决其痛点、难点问题;(3)构筑诚信体系,设计行业标杆;(4)创造税收,解决就业;(5)推出创新的"猪标局"模式,打破商标注册行业潜规则,推动知识产权保护的社会进程,在保护消费者权益的同时,引导行业进行阳光化竞争;(6)从线上走到线下,帮助政府和行业解决管理痛点,扶持小微企业,并不断赋能升级,为政府和初创企业提供创新、创业的资源平台。

作为一家立足于社会环境中的企业,要想发展必然要承担社会责任。然而,我们要认识到,履行社会责任不等于做慈善、学雷锋,社会责任应该是建立在经济基础上的、具有商业价值的责任,企业社会责任意识应该渗透到企业全生命周期之中,帮助提升企业核心市场竞争力。

---

* 法国索菲亚艺术基金会秘书长。

社会责任：企业发展的助推剂

企业的发展，是试错和自我完善的过程，在这个过程中，商业模式也在不断迭代升级，在不同阶段释放不同的商业价值和社会价值。商业价值是滋养企业的养料，社会价值是企业赖以生存的土壤。企业所创造的商业价值如果不具备社会价值，那么这样的商业模式就不具有可持续性，只有能同时创造商业价值和社会价值的商业模式才有生命力。

成就别人就是成就自己，企业在发展过程中充分理解并顾及利益相关方的诉求，就能因此获得利益相关方的正向反馈，凭借这些反馈，企业就能不断发展壮大。比如，猪八戒网通过赋能、设立透明交易规则，帮助服务商做阳光生意、做大生意，而服务商做大、做强、做久的结果，就是让猪八戒平台的交易频率、交易规模不断增大；猪八戒网帮助政府改善中小企业经商环境和创业环境，政府就会反哺猪八戒网以当地独特的优势资源和政策，在这种环境中成长良好的中小企业也会促进猪八戒中介平台的壮大。

这个案例给我们的启发是，企业要想履行社会责任，首先要拥有良好的公司治理架构，要遵纪守法；同时，要有一个利他助人的道德标准和公司文化；其次，要打造一个能惠及所有利益相关方的商业模式，即给客户提供价值，让股东获得合理收益，让员工生活和工作有幸福感，让政府获得更多税收，为供应商带来更多商业价值，为社区带来更多福惠。

4 爱回收：让商业与社会责任共振*

爱回收是一家以回收二手3C产品为主营业务的公司。这些年来，在回收的二手3C产品中，爱回收每年都会拿出近千部产品捐赠给中国儿童少年基金会以及其他一些山区教育类的基金来帮助改善贫困地区的教育设施，履行自己的企业社会责任。

但是，"早期创立企业，第一步总是要先养活自己，养活自己才能去帮助别人"，爱回收联合创始人谢尹晟坦言。爱回收创始团队和管理层有一个共识，公司始终是一个营利组织，没有哪个公司会天生是不计成本的社会企业。因此，爱回收必须先去寻找一个商业上的可持续发展之路，实现企业自身更大的价值。

"我们要做一个正规企业，但是要知道这个行业99%都是不正规的企业。我们如果能够遵纪守法地生存发展，我们就是一个有社会责任的企业。"谢尹晟说。

可是，二手电子产品回收是一个相对灰色的行业，长期处于不透明不规范的状态。爱回收要在遵纪守法的前提下保障在商业上的可持续性谈何容易。再者，对于二手回收产业链

---

* 本案例由中欧国际工商学院教授芮萌、案例研究员于峰共同撰写。在写作过程中得到了上海悦易网络信息技术有限公司的支持。该案例目的是用作课堂讨论的题材而非说明案例所述公司管理是否有效。

上的利益相关方,爱回收能为他们创造哪些价值,又需要进行哪些规范?在商业成功的同时,爱回收能否更好地履行企业社会责任,而履行企业社会责任又能否与企业经营形成良性互动呢?

二手手机市场

高存量和高增量

在各类二手3C设备中,爱回收主打二手手机业务,原因主要在于爱回收看到了二手手机庞大的基数和更高的更换频率。联合国环境发展署2009年发布的《回收——化电子垃圾为资源》报告称,全球每年废弃的手机约有4亿部[1]。而在中国,工信部的统计数据显示,早在2012年中国每年产生的废弃手机已达约2亿部。到了2014年,国内手机市场累积出货量达到4.52亿部,同年手机用户净增5 698万户,据此估算2014年中国替换下来的手机约有4亿部,而根据爱回收预测,这一数据在2017年约达到5亿部[2]。

有两个原因造就了这一庞大数字。第一是手机在国内的进一步普及,第二是在2010年前后,随着功能手机升级为智能手机和互联网经济的发展,手机的角色被重新定义。爱回收联合创始人谢尹晟给出了一组数据:"通过我们做了5年的

---

[1] "Recycling-From E-Waste To Resources", UNEP, 2009, http://www.docin.com/p-99389375.html? docfrom=rrela.

[2] 21世纪经济报道:《手机回收规模可达千亿级:和黄牛抢市场生意好做吗?》(2017年9月20日),银行信息港,https://www.yinhang123.net/kejishenghuo/1079581.html,最后浏览时间:2019年7月9日。

数据发现,对于普通用户来说,他的迭代周期已经从 3 年前的 2.3 年左右,缩短到现在的 1.3 年,在北上广深等特大型城市,甚至快要不满一年了。"①中国再生资源产业技术创新战略联盟的课题研究从一个角度证实了这一说法:"国内大城市消费者更换手机的速度非常快,平均 12 个月到 18 个月会更换手机,高于国际平均水平的 36 个月。"②

低回收率和有限的回收渠道

与庞大基数形成鲜明对比的是,中国的手机回收率非常低。根据中国信息通信研究院的数据,2016 年国内废旧手机的存量在 10 亿部以上,但旧手机回收率不足 2%。《2015 年度消费电子行业客户服务蓝皮书》显示,在内地 65.4% 的消费者选择将旧手机闲置家中,80.7% 的内地消费者遇到过需要处理掉废旧手机的情况,但很少选择回收渠道③。与此形成对照的是,美国手机回收率高达 48%,我国香港地区则达到 60%。一般认为,阻碍手机回收的主要因素有三个:一是安全性价格,二是麻烦,三是价格。

在安全性方面,有调查显示,人们不相信手机中的个人信息会被清除干净,会因此而导致隐私和关键信息的泄露。从

---

① 新浪科技:《爱回收获新浪 2016 年度科技风云榜最具潜力创业公司奖》(2016 年 12 月 21 日),http://tech.sina.com.cn/i/2016-12-21/doc-ifxytqaw0267007.shtml,最后浏览日期:2019 年 7 月 9 日。

② 财经杂志:《废旧手机 隐形金矿:揭秘拼装机的灰色市场》(2017 年 1 月 23 日),环球网,https://m.huanqiu.com/r/MV8wXzEwMDA1NTQyXzE1MjFmMTQ4NTE2MTM0MA==,最后浏览日期:2019 年 6 月 25 日。

③ 驱动之家 MyDrivers:《超七成闲置国人旧手机到底怎么处理》(2016 年 4 月 15 日),网易,http://mobile.163.com/16/0415/08/BKM9BF890011179O_all.html,最后浏览日期:2019 年 6 月 25 日。

社会责任：企业发展的助推剂

理论上说，智能手机中存储的通讯录、照片、移动支付等数据，只要储存路径没有被覆盖，即使被删除也都能通过软件恢复。

低回收率的另一个原因是二手手机回收渠道发展滞后。二手手机回收渠道主要是零散的线下渠道。爱回收总裁郑甫江认为："我们真正的竞争对手是散布在各个城市各个批发市场、火车站等地的'黄牛'大军。"在现实生活中，很多手机店铺和个人'黄牛'都提供回收服务，但这种老旧的回收方式因为回收过程不够透明，没有建立起口碑（见附录4-1）。以北京中关村木樨园、深圳华强北商业区为例，两地都有大量的回收手机的摊点，选择这些摊点可以迅速出掉手机，"但是一般价格上商家会看你人再出价，容易被宰"[1]。

线上C2C交易随着电商的兴起也初具规模。但无论是淘宝、咸鱼还是各类论坛，对机主而言都有比较大的交易成本。例如，卖家（机主）需要关注交易状态，回复潜在买家的问题，并负责邮寄，甚至需要线下当面交易并面临售后纠纷问题，这些问题都会给非专职卖家造成一定程度的困扰。

而令机主踌躇的，还有旧手机的回收价格。由于手机的特殊属性，二手手机跌价速度较快，而机主又习惯于将二手手机的回收价格与购买时的价格进行比较，导致机主并无很强的意愿卖出二手手机。博绿固废直卖网CEO唐百通认为："价值不对等很难让机主建立信任感。"[2]在这种情况下，不少

---

[1] 汇收网小编：《二手手机回收的回收渠道都有哪些》（2017年5月12日），汇收网，http://www.huishougo.com/news/detail/id/48，最后浏览日期：2019年6月25日。

[2] 博绿网：《唐百通：手机回收价值不对等难信任》（2017年2月23日），http://www.sohu.com/a/127059647_561953，搜狐，最后浏览日期：2019年6月25日。

机主宁愿将手机存放在家里作为备用手机。

垃圾堆里的财富与环境之殇

废旧手机类电子垃圾,不仅让中国政府头疼,以回收体系完善著称的日本、德国也深受困扰。《日经亚洲评论》报道,日本每年约产生65万吨电子垃圾,其中只有不到10万吨得到回收,日本的很多城市都没能达到该国环境省设定的回收目标[①]。

数量庞大的旧手机,俨然累积成为一座蕴藏丰富的"矿山"。这座矿的宝藏,来自手机的各部件——电路板、液晶显示屏、电池、摄像头、振动组件、麦克风、扬声器、外壳等,其总质量的30%—40%为各类贵金属材料,如金、银、钯等。而电路板中的贵金属含量,甚至比其他电子废物都高。品位在每吨3克的天然金矿,就有开采价值,即使经选矿得到的金精矿也只有大约每吨70克的含量。而一些调研数据显示,在每吨废旧手机中,就含有200克黄金、2 000克白银、80克钯和120千克铜。苹果公司发布的《环境责任报告》显示,2015财年,苹果公司从超过4万吨的废旧iPhone、iPad和Mac中,提炼出约2.8万吨可回收利用的材料,包括近1吨黄金、3吨白银和20吨的铅。可见,废旧手机像一座隐身民间的巨大"矿山",堆积着巨大财富,而如果处置不当,其所含的重金属等物质又会进入土壤和地下水,威胁生态环境和人体健康[②]。

---

① 环球破碎机网:《废旧手机隐藏着巨大的"矿山"》(2017年2月13日),http://www.ycrusher.com/news/129158.html,最后浏览日期:2019年6月25日。

② 财经杂志:《废弃手机原是隐形金矿:国产山寨机含金量最高》(2017年1月24日),网易,http://news.163.com/17/0124/20/CBIT8CQS0001899N.html,最后浏览日期:2019年06月25日。

社会责任：企业发展的助推剂

在财富的诱惑之下，中国一些地区大量进行手机违规拆解，并付出了惨重的代价。以广东贵屿为例，曾有十几万人口从事电子垃圾分解，家家户户房前屋后全是拆解手机的作坊，这一行业是当地的支柱性产业。为降低成本，贵屿的拆解作坊采用王水进行溶解或直接焚烧的方式回收贵金属，很多工人完全没有防护措施。汕头大学医学院的研究指出，这一产业显著增加了贵屿工人和居民的镉和铅等重金属的暴露水平，贵屿70.8%的儿童的血铅水平处于铅中毒的程度。儿童是铅中毒的高发人群，对铅的吸收率及在体内滞留时间是成人的5—8倍，世界卫生组织早已把铅确认为对儿童影响最严重的有毒化学物质之一，并可能对儿童的神经系统、消化系统和血液系统等造成永久性伤害[1]。

持续增长的二手手机销售

根据IDC报告显示，2015年全球二手手机出货量为8 130万部，而2020年将达到2.226亿部，意味着年复合增长率为22.3%[2]。手机巨头纷纷开始布局二手业务，例如，苹果公司已经开始出售"官翻机"，即苹果公司从用户手中回收二手苹果手机，经过富士康等苹果指定制造商的翻新再次出售，而三星公司也有计划启动类似的二手业务。其背后的逻辑在于，手机更新换代的加快和人们消费理念的改变。根据手机

---

[1] sunshine：《爱回收联合东方风云榜：呼吁关注血铅儿童》(2017年1月24日)，快科技，http://news.mydrivers.com/1/525/525951.htm，最后浏览日期：2019年6月25日。
[2] 费倩文：《IDC：2020年全球二手手机出货量将达2亿部》(2016年11月24日)，DONEWS，http://www.donews.com/net/201611/2943292.shtm，最后浏览日期：2019年6月25日。

中国联合二手交易平台转转发布的《二手手机交易现状调研报告》显示,明确拒绝购买二手手机的人群占比仅约56%,42%的人表示在质量靠谱的情况下会考虑买二手手机,而购买二手手机的人群中有接近33%是因为购买新机的预算不足,近32%是为了购买备用机,近25%的人是为了尝试新功能[①]。另有调查显示,近年来有三分之一的消费者购买过二手手机,而其中苹果手机又多于安卓手机[②]。正是看到了这样的消费趋势,很多主流电商开始布局二手手机交易业务,比较有代表性的有京东二手优品、58同城转转等。

爱回收公司

爱回收是上海悦易网络信息技术有限公司旗下品牌和注册商标。上海悦易网络信息技术有限公司在2010年成立,陈雪峰为法人代表兼董事长。起初,创始团队在"别针换别墅"的启发下,创立了具有社交属性的以物易物的C2C平台"爱易网",但由于种种原因,发展颇不顺利。3年后,公司被迫转型其他业务。

根据分析,创始团队认为C2C的难度很大,而如果转型为B2C则很容易陷入激烈的竞争,而C2B2C这种模式则是较为可行的方式。而交易的商品,根据当时的市场分析,爱回收发现在废旧3C产品中,特别是手机,只有小部分会进入规范

[①] 数码网:《二手手机交易现状调研报告》(2017年9月8日),http://www.cnmo.com/baina/articles/487338.html,最后浏览日期:2019年6月25日。

[②] 废旧网:《最近两年三成多人购买过二手手机》(2015年5月22日),http://news.feijiu.net/infocontent/html/20155/22/22334977.html,最后浏览日期:2019年6月25日。

的回收再利用体系,继而被合理拆解、环保化处置,而大部分被直接扔进垃圾桶,最终可能进入垃圾填埋,这实质上一种极大的浪费。于是从2011年起,创始团队创立"爱回收"品牌,专注于二手手机、笔记本电脑、数码相机等3C电子产品回收,其中二手手机的回收业务占比达到80%—90%,手机回收后会进行相应的合规处理或者是向下游进行再销售。

自从转型做二手3C产品业务以来,爱回收成功进行了多次融资。2012年3月,完成A轮融资200万美元,投资方为晨兴资本;2014年7月,完成800万美元的B轮融资,投资方为世界银行旗下投资机构IFC(International Finance Corporation);2015年7月,完成6 000万美元的C轮融资,投资方为京东集团和天图资本;2016年10月,完成4亿元人民币的D轮融资,投资方为凯辉中法基金和达晨创投。截至2017年9月,爱回收在全国一二线城市拥有超过200家直营门店和超过3万家合作众包店铺,员工数量超过1 500人,其中30%左右为直营门店员工,70%左右是运营中心员工。2016年公司实现二手3C产品交易量520万台,营业额约15亿元。

构建商业模式和优化管理

重塑产业链

爱回收创始人陈雪峰认为:"二手回收行业是一个特别长的链条。"在以往的线下二手手机回收产业链中,手机店和'黄牛'成为手机回收的主力军,他们将二手手机回收后,根据具体情况进入不同的产业链条中,其中翻新和组装手机是最赚钱的途径。例如，广州市天河区的一个电脑城就是一个规模较大的手机市场。在这里，无法正常使用的回收手机会被拆散，用同一品牌的好的零部件拼装，换上新屏幕和手机外壳，再重置出厂代码，这样的拼装机能卖出不错的价钱。但拼装机和翻新机在再利用方式、标准和售后服务，甚至使用安全性方面，都缺少规范且叫价随意。另外，二手机出质量问题的概率很大，但只有一个月到三个月的保修期，消费者往往要为维修埋单。

爱回收希望通过重塑产业链，将这一相对灰色的行业变得规范。在爱回收通过自建的渠道将个人机主手中的手机回收过来后，公司位于上海、深圳、北京、成都和武汉的五大运营中心经过质检和分类，将手机分为报废、中端和高端三个大类，分别进入不同的下游产业链。对于报废类别，这一类别的手机整体使用价值已经不大，爱回收将这部分手机交给第三方专业公司进行环保拆解。对于中端类别，爱回收将这些手机以及一部分通过环保拆解获取的零配件通过全球竞拍平台，向源自国内、欧洲、美国等地的下游需求方进行竞价销售。对于高端类别（通常是八五成新以上），则通过京东优品、口袋优品和爱机汇等三个渠道进行二次 2C 销售（见附录 4-2）。其中，口袋优品作为爱回收旗下的 B2C 品牌，主要业务是销售爱回收回收到的质量较好的二手手机等 3C 产品，从而打通了爱回收早期设计的 C2B2C 产业链条。京东优品则是京东自营的二手 3C 产品交易平台，凭借京东的流量成为二手 3C 特别是二手手机的重要交易平台。在这两个平台上交易的手机，都是通过专业质检的产品，可以享受 7 天无理由退换和 180 天的保修期，从而显著地改善了二手手机消费者的消费体验。而爱机汇则是以手机卖场和合作众包的形式销售爱回收手机的线下渠道。

通过产业链的重构,爱回收也找到了独特的定价方式。通过竞拍平台和其他下游销售渠道的报价,爱回收反向对于特定品牌和型号的手机做出短期的价格预测,从而确定某一品牌和型号的手机在短期内的回收价格,锁定毛利并最大程度上规避价格波动风险。

产业链的优化使得爱回收在财务上显现出优势。"我们的现金流有了很大的保障。由于我们的产业优势,除了京东之外,B端客户通常是预付款,即先付款我们才供货,我们不会做赊销。竞价平台也为我们的利润最大化提供了保障。而由于目前下游二手手机的需求量很大,我们现在可以做到2天就能够出清库存。"

建设回收渠道

"占据回收渠道是我们最强的壁垒之一。"爱回收品牌高级总监田牧认为。为了构建爱回收与同业竞争者的竞争优势,爱回收全方位地强化了回收渠道。在线上方面,爱回收从三个方面构建回收渠道。

(1)以京东、1号店、国美等为代表的电商入口。目前爱回收已经实现了多家主流电商的深度合作,消费者在购买新机时可以通过电商入口,实现旧手机的回收。

(2)爱回收的官网、APP和微信服务号。机主可以通过这些途径自主下单,并通过线下途径成交。

(3)爱回收与小米、三星和魅族等主流手机品牌建立的合作关系。机主可以在购买新机时将旧机卖出,从而获得现

4 爱回收：让商业与社会责任共振

金或者是这些品牌手机新机的抵用券。

虽然手机回收对于个人机主来说属于低频非刚需的交易，但爱回收通过与线上购买新机的消费场景的结合，能够刺激机主发起更多的回收交易。而这三种线上回收交易渠道又会与线下渠道形成互动。例如，无论是选取何种线上方式，机主都可以自主选择线下门店回收、上门回收或者快递邮寄回收这三种方式中的任何一种完成回收交易。

在这三种线下回收渠道中，快递邮寄方式在实际运营中给爱回收带来的困扰最大。"快递渠道的确投诉率比较高，"谢尹晟解释道，"因为大部分机主并不专业，有的甚至随意选择机器状况，导致我们验收后发现情况不符，只能降价回收，他就会不满。……我们也很苦恼，但这个渠道的确带来了不少订单量，因此还不能轻易放弃。"

相对而言，上门交易和门店交易，这种投诉率则会大大降低。上门交易是指由爱回收人员按照机主的地址，上门与机主面对面完成回收交易。而门店交易是指爱回收通过线下布局的实体店，来回收机主机器的方式。其中，门店交易是爱回收着力打造的重点回收渠道，截至2017年9月，爱回收已在线下布局直营门店超过200家，大多数分布于北上广深一线城市和发达二线城市的核心商圈，并且几乎每个月都有新进入的城市和新开的门店。谢尹晟认为："我们的门店是真正的O2O的模式，无论是京东还是官网直接下单，可以选择到店的方式进行交易。"

不过，在业界对于爱回收在重点城市核心商圈布局线下门店也产生了一些争议。一些异议者认为爱回收此举无疑是在走向重资产模式，成本将会难以避免地提高。对此，爱回收

社会责任：企业发展的助推剂

总裁郑甫江则有不同的看法："这些店的盈利能力也是蛮好的。因为我们线上有导流进去，如果单纯开一个店生存能力肯定很难，但是我们每个店大概回收额接近50万元，做得好的店超过百万元。另外，因为我们的店面很小，走的是精品路线（见附录4-3），房租会很低，也就一两万元，所以成本也不会很高。唯一高成本的就是人力，每个店基本会安排两三个人。未来我们想对门店进行改造，做成人工智能门店，以降低人力成本。目前来说一个店一个月的总成本也就是几万元。"

而对于三线及以下城市的渠道，爱回收也并未忽视，而这也恰是创始团队当初力邀现任总裁郑甫江加盟爱回收的重要原因。郑甫江原为华为中国区消费者事业群（Bussiness Group, BG）部门的首席营销官（Chief Marketing Officer, CMO），2016年在创始人陈雪峰的邀请下担任公司总裁，而其工作重点之一就是进一步下沉回收渠道。郑甫江表示："对于三四线及以下地区我们通过加盟的方式去覆盖，加盟店的品牌我们不叫爱回收，叫爱机汇。主要是做线下的卖场和零售店铺，我们通过一套质检规范把店员培训到位，让加盟店帮我们收。现在已覆盖全国约35 000家门店，他们都是我们的加盟合作伙伴。这个平台从商业角度讲又变了一种模式，如果说爱回收线上那块叫C2B的模式，那么我们的爱机汇就是B2B的模式。"在郑甫江看来，采用众包模式的爱机汇项目，既可高效利用渠道的精准交易场景，又能丰富渠道业态，实现了回收企业和渠道商的双赢，提高了渠道商对于爱回收的黏性。

爱机汇项目目前已完成国内31个省区市的布局，与乐语、迪信通、国美等线下商超达成合作，回收订单量已经基本上与爱回收直营渠道持平，这个渠道的成功构建进一步加强了爱回收的渠道优势。郑甫江解释道:"其他的品牌无法形成这样大且规范的回收网络,他们往往只能收苹果这样单一的品种,因为他们下面渠道人员的培训不足,回收流程的标准化也不足,所以处理不了更多的 SKU(Stock Keeping Unit,库存量单位),而我们则不同。在这样的基础上,我们在下游的销售上也更有优势,因为我们的 SKU 更加齐全。"

改善机主回收体验

针对以往机主回收的不良体验,爱回收进行的改进不仅仅在于回收渠道。首先,在价格上做到评估体系公开透明。在爱回收的官网、APP 以及电商接口上,机主输入手机型号后都可以查看到特定机型的评估指标,例如"是否国行""屏幕是否有划痕""屏幕是否有缺损碎裂""屏幕是否有色斑、漏液""手机是否维修过""手机是否在保修期内"等等(见附录4-4),机主可以根据手机的实际状况进行选择,后台则会根据选择自动评估出手机的回收价格,一视同仁,从而杜绝了传统回收商"看人出价"的状况。

其次,在回收价格方面,爱回收也尽量让机主体验得到改善。由于爱回收采用反向定价策略,即先由下游 B 端通过竞拍平台确定某手机价格,然后再根据毛利率爱回收再来确定回收价格,所以在保证一定毛利率水平的前提下,爱回收可以给到个人机主的最优报价。"爱回收的回收价格比较优厚,我们会和同行比较,大部分产品回收价格是高于同行的",爱回收品牌总监田牧表示,"但我们也不会要求做到 100% 高于同行,我们还是要看商业上的可行性。另外,对于一些品类,虽然我们的报价是低于一些'黄牛'的,但我们的价格更实在。

比如,'黄牛'拿到手机报价2 000元后说要拆机检查,但拆机检查后以种种借口说只出1 500元,此时机主就只能吃亏,因为被拆机后的机器拿去卖给别人就必然会再次贬值。但我们不会这样做,说1 800元就是1 800元。"

对于快递回收渠道机主投诉率较高的状况,爱回收也在逐渐探索改善的方法。"有些机主属于不诚信的状况,没有按照手机的实际状况进行选择,这一块我们和芝麻信用有信息的沟通。但也有一些情况不是诚信的问题,而是机主不够专业,比如一些小的划痕他看不到,所以他以为是没有划痕的。对于这种状况,未来我们将不再把小划痕计算在内,不扣回收款了。"

而针对一些机主担心的个人隐私和信息安全问题,陈雪峰表示:"苹果手机只要恢复出厂设置,就无须担心数据泄露风险。安卓手机确实存在信息泄露的风险,所以一般高端用户可能更愿意保障自己的安全,可能不会为那一两百元去冒这个信息泄露的风险。规范化和不规范化给用户带来的体验还是差距相当大的,如果要出售,安卓手机机主在出售前可以删除所有联系人信息,重新安装手机操作系统,再恢复到出厂状态,也能避免信息泄露。"但对于大多数安卓手机机主来说,这些操作仍然太过麻烦,所以爱回收会与机主当面进行恢复出厂设置操作,然后在后台进行进一步的清理处理。爱回收的隐私清理采用了美国认证协会(American Certification Institute,ACI)标准数据销毁技术(磁盘重复擦写技术),按照美国标准进行30次的多次复写,彻底清除手机信息,以保障机主的个人隐私和信息安全。目前,爱回收正在与具有国际安全认证的数据安全机构洽谈合作,未来将会引入其技术实力来进一步加强回收后的数据清除。

回收实名登记制度

二手手机属于旧货,应遵照《旧货流通管理办法》的相关规定进行收购活动。《旧货流通管理办法》规定:旧货经营者应当对收购和受他人委托代销、寄卖的旧货进行查验。对价值超过100元的旧货应当详细记录其基本特征、来源和去向。此外,旧货经营者应当登记出售、寄卖及受他人委托出售、寄卖旧货的单位名称和个人的居民身份证;对委托处理旧货的单位和个人,还应当严格查验委托单位的授权委托书及委托人的居民身份证。但在传统的不规范的二手手机回收市场中,这些规定往往形同虚设,从而造成二手手机市场沦为销赃途径。

据此,爱回收严格规定回收手机必须进行身份证登记,并规定一个身份证可以售卖手机的数量上限。在后台,爱回收将出售者的身份信息与公安系统进行对接,并进一步地将手机编号与身份证号码关联。如果回收的手机是赃物,那么一旦失主报警,爱回收可以找到这台机器的位置,并迅速查找出该手机是由谁的身份证交易过来的,从而最大限度地杜绝销赃的可能。"有一次,我们真的协助警察将小偷抓获,因为他在我们这里是实名出售手机。"谢尹晟自豪地说。

后台管理

在后台,爱回收强调管理的标准化和智能化。首先是质检方面的标准化。目前,爱回收已经实现手机检测的流程标准化,主要流程是分为检测人员对于机器外部的检查和对手机软件检测系统的内部质检,爱回收正在努力填补二手手机检测标准方面上的空白。郑甫江表示:"这个产业链应该是有标准的,我们的规模是最大的,所以我们能够根据过往的经验和数据制定和完善标准。在这个标准中,通过内部的检测和外部的主观判断,价值和价格基本上就能够比较精准地确定了,这也会是我们的核心竞争力。"

其次是检测系统的智能化。与传统回收产业不同的是,爱回收已拥有超过100名研发人员,同时保持着较大的研发投入。研发方向主要集中在公司后端大数据的分析、智能门店的开发和智能运营系统的开发,还有整个商务平台定价系统、评价系统。

谢尹晟表示:"虽然我们是做回收品,但我们也是一个高科技公司,我们有海量的数据,人工智能的处理方式,前后端的匹配,包括制定相关标准、智能的检测等等,都是通过积累沉淀然后不断地优化。这也是我们独创的,一键检测就可以输出价格。未来,随着数据的积累,我们可以进一步优化检测过程,根据大数据可以减少检测和拆机,从而提高检测效率,降低成本。"

在仓储和物流方面,目前,爱回收在华东、华北、华南、华西,华中五个大区共有超过1万平方米的运营中心。这些运营中心集质检、分拣、仓储、物流功能于一体,可完全支持爱机汇与爱回收的全国回收业务。

践行企业社会责任

强化拆解工序管理

爱回收回收来的电子产品中,被列为"报废"大类的,会进入拆解工序,以期回收可以再次利用的零部件。爱回收并不自营拆解业务,而是委托给第三方进行拆解,以避免陷入重资产经营的困境。但这也给爱回收的管理带来了挑战,即如何有效管理第三方拆解方,如何避免第三方违规拆解、违规提炼、违规翻新等投机行为。对此,爱回收的解决之道一是资质管理,二是合同管理。

在拆解方资质方面,爱回收要求拆解方必须具备三个条件:(1)具有环保部门颁发的环保处理资格证书;(2)在环保部门公布的电子废物拆解利用处置单位名录中(包括临时名录),且具有相应经营范围的单位或个体工商户;(3)具有环保部门颁发的具有电子类危险废物经营许可证。

在合同管理方面,爱回收要求合同中明确约定拆解方必须对手机进行环保拆解,同时要求拆解方支付保证金,并规定了禁止性行为。这些禁止性行为包含但不限于违规提炼、翻新。厂商将手机作为二手机进行再销售也属于禁止性行为,拆解方出现禁止性行为时爱回收保留终止合作的权利。"如果出现翻新再销售等情况,这些机器迟早还会流回爱回收,那时证据确凿,合作一定会终止。"谢尹晟自信地表示。

起初,爱回收还将回收的手机的隐私清理工作也交给拆解公司完成,但实践中发现部分拆解公司并未按照约定合规处理,爱回收选择了终止合作,并最终构建自己的技术团队来完成隐私清理这一工序,以实现更加有效地管控。

关爱血铅儿童

爱回收之所以强调环保拆解,是因为看到了电子垃圾给环境和健康带来的重大危害。爱回收希望成为一个奉行"环保"及"物尽其用"理念的社会型企业,所以对"血铅儿童"所遭受的因电子产品制造造成的污染危害,以及废旧电子产品处理不当所带来的铅污染危害有着天然的使命。为此,爱回收联合中国儿童少年基金会"关爱血铅儿童专项基金"共同发起了"关爱血铅儿童,行动代替口号"公益宣传活动,号召人们延长电子产品使用时间、理性购买换新电子产品,并将淘汰的电子产品及电子废弃物交给正规回收机构做专业回收处理。

2017年3月,爱回收跨界联合"东方风云榜",举办了一场以公益慈善为主题的音乐盛典,邀请知名歌手及团队创作并演绎公益主题曲——《金属童年》。爱回收在"东方风云榜"后续发起关于"关爱血铅儿童,明星旧物拍卖"的公益慈善活动,所拍卖的24件明星旧物来自"东方风云榜"音乐盛典的24位明星现场捐赠,最终所得善款由爱回收捐赠予中国儿童少年基金会"关爱血铅儿童专项基金"。

可持续的企业社会责任

总裁郑甫江回顾自己当年之所以选择加入爱回收,一个重要的原因是:"首先这件事情很有意义,中国一年卖5亿部新手机,沉淀在用户手里的手机有几亿部,这些手机沉淀下来,要么当成废品,要么当成电子垃圾,还有的是转给别人使用,总之我们回头看看身边的人,每个人家里的抽屉里可能都有几部手机,这是一个巨大的浪费,或者说是电子污染。身边的朋友也说我现在做这个事情还挺好的,挺积德的。"

对于企业社会责任的理解,爱回收认为企业社会责任并不等同于募捐、扶贫等公益活动。谢尹晟表示："我们理解的企业社会责任可能和其他企业不大一样。我们所处的行业非常不规范,我们觉得在这样一个相对灰色的领域里做到合法合规、诚实守信,这就是最大的企业社会责任。从第二个维度来看,我们希望能做成一个受尊敬的社会型企业,我们希望通过回收的标准化和对于后端管理的合规化,来大大优化我们低碳环保的投入,对于整个环保的事业做出更多的贡献。"

从经营的角度,郑甫江也有自己的观点:"我们要构建的是用商业的成功来践行环保理念和社会责任,我们不是纯粹做公益,而是通过商业成功持续地做这个事情。"

商业与企业社会责任的共振

来自世界银行的橄榄枝

在中国,循环经济刚刚起步,环保理念仍然处于比较初级的阶段,为何爱回收能持之以恒地重视环境与社会效益呢?联合创始人谢尹晟认为:"来自世界银行的投资功不可没。"

"我们A轮投资人是晨兴资本,B轮是世界银行下属的IFC(International Finance Corporation,国际金融公司),然后接下来是京东和其他的投资机构,还有凯辉基金。与这些投资机构相比较而言,世界银行对合规性的要求最为严格,所以我们从开始到现在都是围绕着合规进行,以严谨的方式去做事情。"

回忆当时与IFC初次接触的情形,谢尹晟仍然记忆犹新:

社会责任：企业发展的助推剂

"我们当时融过 A 轮，在 B 轮前还是一个比较小的初创公司。那天其实挺有意思的，美国与我们有时差，当时都已经半夜了，我们准备了很详尽的数据，几个联合创始人就在那儿坐着等电话。电话打来后我们以为对方会问增长率或者别的数据，结果第一句话就是问：'你们今年为中国的环保事业做出了哪些贡献，给我讲三点。'我们完全没有思想准备，不过还好我们确实做了一些事情，也足以应对对方的问题。IFC 这种投资机构的关注点的确和我们想象的不一样。"

事实上，世界银行在中国投资的项目不多，创始人陈雪峰说："世界银行倾向于投资赚钱和社会意义有关联性的公司，所以对方与我们谈判了两个月就敲定了投资。"

根据 IFC 的投资协议，IFC 要求爱回收准备全面的环境与社会绩效的年度监测报告，报告包括以下信息：环境和社会管理、职业健康和安全性能、重大的环境和社会事件、项目和相关业务的可持续性、数据解释和纠正措施。在年度监测报告中，爱回收必须从定性和定量两个角度向 IFC 汇报每年对于环境和社会所做的贡献。这一份年度监测报告所述的环境与社会绩效不仅包含爱回收公司自身，还要求涵盖爱回收产业链中的合作伙伴和员工，这意味着爱回收必须依据投资协议对产业链伙伴和员工进行相应的环境与社会绩效监控和提供相应的培训（见附录 4-5）。

尽管 IFC 的要求很高，但是从爱回收发展历程来看，得到这笔投资是至关重要的。陈雪峰回忆："当时 B 轮融资很凶险也很辛苦，差点拿不到钱。因为爱回收作为一家互联网公司要做线下门店，互联网圈的投资对线下是天生排斥的，很多人都不看好我们。转型门店模式是一个艰难而且不被理解的决

4　爱回收：让商业与社会责任共振

定,投资人担心线下太重,未来的管理成本会很高。而唯有世界银行这种商业和社会责任并重的视角是不同的。"① 因此,正是依靠 IFC 的投资爱回收才渡过了难关,此前对于企业社会责任的重视在无意间得到了丰厚的回报。

快速增长

除了 IFC 的资金,爱回收在其他方面也感受到践行企业社会责任并不仅仅是成本,也能从多个层面带来相应的回报。起初,在爱回收刚刚开设线下门店时遇到了不少的困难。"最初,稍微高端点的购物场所的门槛都很高,我们进不去。谈判的过程总是很艰难,磨了很久。高端商超都要谈上半年到一年的时间,如果没有好的位置,我们就等,比如与上海龙之梦购物中心的谈判就用了三个月,"陈雪峰回忆说,"而最终能啃下硬骨头,除了谈商业模式,还要谈环保理念。"②

2014 年 7 月,在得到世界银行 B 轮融资的同时,爱回收事实上也得到了世界银行的品牌背书,让爱回收之后的开店路走得顺畅了不少。经过多轮后续融资和业务发展,公司 2016 年实现二手 3C 产品交易量 520 万台,营业额约 15 亿元。2016 年 9 月,爱回收开始实现单月盈利。

"从电子产品回收再利用出发,让二手产品循环成为大买卖,其默默打造商业闭环,生生跑出一只环保独角兽……"

---

① 孙园:《爱回收 CEO 陈雪峰:把"收废品"做成一件高大上的事》(2016 年 11 月 22 日),亿欧网,http://www.iyiou.com/p/34839,最后浏览日期:2019 年 7 月 9 日。

② 焦丽莎:《爱回收:旧手机做成大生意》(2016 年 10 月 13 日),世界经理人,http://money.163.com/16/1010/08/C30KE69E002580S6.html,最后浏览日期:2019 年 7 月 9 日。

社会责任:企业发展的助推剂

2016年12月,由新浪科技主办的新浪"2016年度科技风云榜"颁奖盛典在北京举行,爱回收获得最具潜力创业公司奖项。

截至2017年9月,爱回收累计实现融资超过1.2亿美元,月营业额突破2亿元。2017年,爱回收预计交易量可达到1 000万台,预计营业收入可以达到40亿元,实现年平均300%的增长率,税后净利预计破亿元。至此,爱回收网已是国内最大的C2B电子3C产品回收及环保处理平台,而且确立了行业内绝对领先的地位。

战略调整与未来计划

回顾爱回收的过往,管理层认为主要的成功因素有以下两方面:

第一,重构了产业链。通过对于行业旧格局的颠覆,不但有效地解决了个人机主的痛点,还通过各种有效措施初步解决了行业的不规范性、非标准性,并且通过强有力的合作机制和渠道建设,保证了B端客户的黏性,使爱回收成为B端回收和采购二手机商家的重要合作伙伴,也建立了公司在行业中的竞争壁垒。

第二,实现了企业社会责任与商业的共振。爱回收的商业模式天然地带有企业社会责任的基因,而这种基因让爱回收在吸收投资和企业运营方面都可以得到更多的回报。

然而,管理层也认识到爱回收并非没有困难和挑战。郑甫江认为:"我们作为一个创业公司,在很多方面还有不足的地方。比如我们未来员工会有2 000人、3 000人,这对我们整个管理团队来讲构成了管理能力的挑战。随着公司业务量的攀升,我发现我们还是有很多做得不好的地方,比如内控机制就做得不好。当公司做大后内控机制不做好的话,一定会有漏洞。我们希望内部的管理、组织流程、制度建设、平台化的建设,不是依赖于某个人,而是依赖于一个组织和机制。"

此外,盈利能力也是一大压力来源。尽管爱回收 2016 年 9 月开始已经实现盈利,但管理层认为这是有赖于公司的一系列调整。在战略方面,郑甫江认为:"我们过去很多是在做加法,现在需要去做减法。"2017 年,公司已将口袋优品从爱回收的主营业务中剥离,只保留少量股权。谢尹晟补充道:"虽然我们在口袋优品上投了很多钱,但我们发现我们确实不善于做 C 端,因为 C 端对于库存管理的要求太高,我们还不具备这样的能力,因此我们目前只做 B 端。"此外,在业绩重心方面,爱回收也逐渐从过去单纯追求规模转移到规模与利润并重。郑甫江强调:"我们开始愈加重视成本控制,对我们来讲人力成本是最大的一块支出,但我们不是减少员工的福利,而主要是控制人员的编制和数量,提高效率。人员效率实际上恰恰是我们以前未能实现盈利的重要原因之一。"

不过对于未来,爱回收的管理层依然充满信心。总裁郑甫江认为,从商业角度来讲,商家对爱回收已经形成了较强的黏性,接下来可以在上面叠加供应链管理服务,例如去处理手机这个垂直领域的尾货库存。考虑到商家和爱回收之间的交易属性,爱回收还可以为商家提供供应链金融服务,这些途径都可以大大增强其商业的延展性。

但无论未来前景如何,管理层都确信企业社会责任已经成为爱回收的一部分,与商业已经密不可分了,"我们要在这个灰色领域做到正规,让大家看到这个行业合法、合规也能赚钱,而且能够不断壮大、助力社会治安和促进环保,最后颠覆掉整个旧产业。当我们做出成绩了,政府也好,社会上其他组织也好,一定会主动关注我们,找到我们,甚至帮助我们解决一些问题。比如,我们现在因为无法获取回收二手手机的发票,导致增值税进项无法抵扣,但我们相信随着环保和循环经济深入人心,政策方面一定会有出路,其他方面也一定会有扶持,那时候企业社会责任肯定又会进一步增进我们商业回报的……"

4 爱回收:让商业与社会责任共振

附录 4-1 机主心目中"黄牛"对于二手手机市场影响的调查

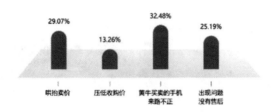

资料来源:数码网:《二手手机交易现状调研报告》(2017 年 9 月 8 日),http://www.cnmo.com/baina/articles/487338.html,最后浏览日期:2019 年 6 月 25 日。

附录 4-2 爱回收的商业模式

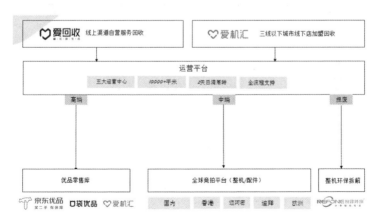

资料来源:爱回收公司。

社会责任：企业发展的助推剂

附录 4-3　爱回收线下门店

资料来源：爱回收公司。

附录 4-4　京东商城中爱回收手机参数输入界面

资料来源：京东商城。

附录 4-5　IFC 要求爱回收提交的年度监测报告(AMR)的主要部分

INTRODUCTION

IFC's Investment Agreement requires Aihuishou to prepare a comprehensive Annual Monitoring Report (AMR) covering the operations of Aihuishou and its recycling partners. This document comprises IFC's and Aihuishou's agreed format for environmental and social performance reporting. The AMR informs the Environment and Social Development Department about the environmental and social state of the investment.

- IFC's Investment Agreement requires Aihuishou to complete and submit <u>annual</u> environmental and social monitoring reports in compliance with the schedule stipulated in the Investment Agreement.
- Aihuishou must report qualitative and quantitative project performance data each year of the investment for the environmental and social monitoring parameters included in this report format.
- The main purpose of completing this form is to provide the following information:
  1. Environmental and Social Management
  2. Occupational Health and Safety (OHS) Performance
  3. Significant Environmental and Social Events
  4. General Information and Feedback
  5. Sustainability of Project and Associated Operations
  6. Compliance with World Bank Group and local <u>environmental</u> requirements as specified in the Investment Agreement
  7. Compliance with World Bank Group and local <u>social</u> requirements as specified in the Investment Agreement

1 ENVIRONMENTAL AND SOCIAL MANAGEMENT

Describe any significant changes since the last AMR in the company or in day-to-day operations that may affect environmental and social performance. Describe any management initiatives (e.g. ISO 14001, ISO 9001, OHSAS 18001, SA8000, or equivalent Quality, Environmental and Occupational Health and Safety certifications). Attach summary reports for each emerging market country and each production and processing facility in an emerging market country where Aihuishou has operations, and there are at least 10 employees and/or 10 shipments per week.

2 OCCUPATIONAL HEALTH AND SAFETY PERFORMANCE (OHS)

3 SIGNIFICANT ENVIRONMENTAL AND SOCIAL EVENTS

Aihuishou personnel are required to report all environmental and social eventsat all its facilities that may have caused damage; caused health problems; attracted the attention of outside parties; affected project labor or adjacent populations; affected cultural property; and/or Aihuishou liabilities. Attach photographs, plot plans, newspaper articles and all relevant supporting information that IFC will need to be completely familiar with the incident and associated environmental and social issues.

4 GENERAL INFORMATION AND FEEDBACK

Provide any additional information including the following:

1. Describe print or broadcast media attention given to Aihuishou during this reporting period related to Environmental, Social or Health and Safety performance of the company.
2. Describe interactions with non-governmental organizations (NGOs) or public scrutiny of Aihuishou.

资料来源：爱回收公司。

> 点评

抓住 CSR 的商机

赵亦旻[*]

垃圾堆里的财富与环境之殇,废旧手机类电子垃圾,不仅让中国政府头疼,以回收体系完善著称的日本、德国也深受困扰。数量庞大的旧手机,是一座蕴藏丰富的"矿山",但也是威胁生态环境和人类健康的重大隐患。违规拆解,造成生态环境污染和人体健康的威胁,特别是儿童铅中毒现象,给他们的神经系统、消化系统和血液系统等造成永久性伤害。

爱回收针对上述现象,建立了标准化回收、合规化后端管理的商业模式,在保证公司利益的同时实现了环保的要求,兼顾了政府、手机机主、公司合作伙伴、消费者、环境等利益相关方的责任;通过关爱血铅儿童公益活动的发起及慈善投入,在培养良好企业品行的同时承担了企业的社会责任。

爱回收的成功离不开机遇的把握、商业模式的重构及社会责任的承担:爱回收看到了中国市场二手手机庞大的基数和更高的更换频率,以此成立主打二手手机业务的公司,通过重塑产业链、建立回收渠道、改善机主回收体验、回收实名登记、后台管理等商业模式的构建及优化,强化拆解工序管理、关爱血铅儿童等企业社会责任的践行。

爱回收开拓的商业模式,避免了再生污染,从回收、再出售、到报废形成了闭环,很好地利用了资源的同时保护了环

---

[*] 盛大天地(中国)有限公司副总裁。

境。在这个99%的企业都不正规的行业内做到正规,爱回收让我深刻感受到了它是一家有社会责任的企业。在履行社会责任的同时,爱回收还是一家商业成功的企业。我们要宣传和发扬这样的企业,让更多的人、更多的企业帮助和支持这样有社会责任的企业。

爱回收的未来发展需要清晰的战略加持、社会责任的承担及政策的扶持:(1)爱回收在快速发展的同时,面临着内控机制不完善、业务模式需调整、成本控制需加强等一系列需要改进的地方,需要企业通过未来一系列的努力,将内部管理从依赖于个人转换成依赖于一个组织和机制,将业务模式从单纯追求规模转移到规模与利润并重,并通过控制人员的编制和数量,提高管理、运营效率;(2)爱回收在不断发展的同时重视企业社会责任的承担,有利于引起政府及社会上其他组织的关注,后者将会帮助企业解决一些政策方面的问题并为企业提供一定的扶持。

通过对本案例的学习,我体会到企业的可持续发展离不开对社会责任的承担。企业从成立到后续发展,除要有自身的特色及正确的发展战略之外,还需要社会责任的承担,在坚持合规经营的基础上,保证利益相关方的利益,助力社会治安和促进环保,积极履行环境责任,并遵循"取之社会、回报社会"的原则,投身公益慈善,提升企业整体形象。

同时,社会责任的承担能够帮助企业引起政府及社会上其他组织的关注,有利于企业争取到政策的扶持及资金的支持。另外,社会责任能塑造企业在广大用户心目中的品牌形象,使企业通过一系列商业行为,在成就自己的同时也践行了环保理念和社会责任。

5 南自电网：社会责任从善待员工开始*

2015年7月22日，福建龙岩受台风影响，连城县朋口镇供电枢纽控制室积水，全站停运……

2016年6月18日，西安变电站发生变压器烧损重大事故……

2016年6月23日，江苏盐城发生强雷电、冰雹、雷雨大风等强对流天气，局地遭受龙卷风袭击，位于灾区中央的计桥变电站全站停运……

但凡此类供电设施出现重大事或故障，处置现场一定会出现南京国电南自电网自动化有限公司（简称"南自电网"）抢修员工夜以继日奋战的身影。自从新一届领导班子上任以来，南自电网公司着力强调企业社会责任。新的领导班子认为，公司在不断市场化并提升效益的同时，更有责任保障国家和民众的公共利益，通过保证电网的安全运行，进而提升广大城乡居民的生活质量。

可是，看着手下这群以"80后""90后"年轻人为主的员工

---

* 本案例由中欧国际工商学院教授芮萌、案例研究员于峰共同撰写。在写作过程中得到了南自电网公司的支持。该案例目的是用作课堂讨论的题材而非说明案例所述公司管理是否有效。

社会责任：企业发展的助推剂

夜以继日地工作，尤其是想起每年人均出差接近 300 天的服务团队，领导班子也不免忧心忡忡：这样长期下去员工能够承受得住吗？好不容易招聘来的员工会不会因为不满工作状态和环境而离职？公司能为员工做些什么呢？除了在物质待遇上做出合理的改进，能不能进一步地让员工更加健康、安全和快乐地工作，从而更有归属感呢？

南自电网公司

公司的设立与业务

2011 年 6 月 12 日，国电南自股份有限公司——中国五大发电集团之一中国华电集团的直属子公司，与 ABB（中国）有限公司（以下简称 ABB 公司）签署了《合资经营合同》，双方拟共同出资组建合营公司——南自电网。2011 年 11 月 25 日，南自电网公司正式成立，南自股份占南自电网 51% 的股份，ABB 公司则占 49% 的股份，注册地和实际经营地均在南京。

2012 年 1 月 1 日，南自电网正式投入运营。南自电网整合南自股份与 ABB 公司在国内的电网自动化业务，实现了双方在市场、产品等方面的优势互补，致力于为客户提供电网自动化产品和配电自动化产品的研发、工程、制造、销售以及技术服务，以满足国内包括电网、电力、工业等各细分市场对电网自动化产品的市场需求。截至 2016 年，南自电网总资产达到 28.2 亿元，业务已经遍布全球 46 个国家和地区。仅在中国，其产品就已经覆盖了超过 2.8 万个变电站，其产品服务覆

5 南自电网：社会责任从善待员工开始

盖了约 9 亿人口的供电范围。在经营业绩方面，南自电网 2016 年营业收入突破 20 亿元，净利润约为 3 亿元。

重视社会责任

自成立以来，南自电网高度注重企业社会责任的践行。原因来自五个方面：(1)两大股东的要求。南自股份作为电力行业的老国企，社会责任是其与生俱来的一项要求。ABB 公司则是一家历史悠久的跨国 500 强上市公司，强调社会责任也是其传统。(2)南自电网企业核心价值观是"以人为本、科技创新、诚信合规、勇担责任"，本质上与企业社会责任息息相关。(3)公司领导均具有很高的学历背景和社会责任感，尤其强调企业社会责任。(4)公司员工的学历越来越高，越来越年轻化，公民意识越来越强，对于企业社会责任的概念也越加推崇。(5)公司的大客户以电网公司为主，其特定的行业属性要求南自电网作为设备和系统服务提供商必须充分地履行企业的社会责任，保障电网安全。

南自电网多次在极端天气、自然灾害和故障事故中为保障供电做出重要贡献。例如，在 2016 年 6 月 23 日的盐城自然灾害中，服务工程师在接到公司的指示后随即赶赴现场配合检修，连续工作至 6 月 29 日直至变电站恢复运行。此外，南自电网还多次在边远和艰苦地区为国家重点建设提供产品和服务。例如，为完成 2015 年新疆电网联网建设，公司在三塘湖变电站采用"两班倒"的方式，24 小时不间断工作，参与人员合计达 323 人次。在日常生产经营方面，南自电网也将企业社会责任落实到位，执行比较严格的供应商认证程序，该程序中供应商的环境保护能力和社会责任是重要的认证标准,约占总体分数20%的权重。此外,南自电网还提出"绿色供应链"概念:要想成为南自电网的供应商,就必须与南自电网签订"无铅化协议"。

人力结构和难题

截至2017年4月,南自电网公司员工总数超过1 600人。按照职能,可以分为工程技术类、研发类、职能管理类、生产制造类、营销类等几类。其中,占比最高的三类分别为工程技术类岗位(42%)、营销类岗位(18%)以及研发类岗位(17%)。员工的学历大部分是本科及以上,其中,硕士及以上214名,本科1 023名。年龄分布上,"80后"占比达54%,"90后"员工占比为11%。

工程技术类岗位中占比最大的是技术服务团队,主要是为用户单位提供产品的现场调试服务工作,工作性质比较辛苦,整体年龄更为年轻,管理上也存在不小的挑战。"'80后''90后'不太好管,有一些稍不开心第二天就走人了,甚至手续都不管不顾的。"一位公司部门负责人感慨道。

在招聘方面,尽管具备国企和电力系统的背景,但南自电网的招聘其实并不轻松。一位负责人力资源工作的领导分析道:"电力自动化这个专业本身就是一个小专业,国内只有上海交通大学、西安交通大学、华南理工大学等几所大学相关专业培养的毕业生比较优秀。但是实际上社会对这个专业的需求很大,这几所大学里学电力的最优秀的学生基本上都是去国家电网和南方电网,像华为、阿里巴巴、腾讯等这些民营企业中的巨头也非常有吸引力。接下来还要再挑地方,诸如北京、上海,他们都挑完了之后,可能才轮到我们来挑。"

5 南自电网：社会责任从善待员工开始

对此，高管层认同招人难是事实，年轻人多也是客观实际。但面对这些问题，该如何让这些已入职的员工从心里认同公司，让他们开心地工作、无后顾之忧地生活，从而让员工有更多的归属感，安心留在公司实现事业上的成长，领导班子认为公司自身应该做出更多的探索和努力。"我们的服务团队总共有392人，平均年龄不到32岁，每年人均出差天数接近300天，非常辛苦，有些员工都已经成家立业，还有一些已经有了孩子，"公司党委书记坚定地说："作为一个企业，谈社会责任首先要关注员工，如果连员工都不关注谈什么社会责任呢？既然我们倡导社会责任，那就让我们的社会责任从善待员工开始！"

生活保障——完善的薪酬福利体系

人才公寓

南自电网向当地政府申领了101套公租房作为公司的人才公寓，并以每平方米11.9元/月的价格租给公司符合条件的员工以满足他们的住房需求。这些人才公寓的面积从40多平方米到60多平方米不等，有几种户型供选择可满足不同的需求人群：如果是单身青年选择一室户就足够使用，如果已经成家则可以选择两室的户型。这种情况下，员工每月只花上几百元就可以轻松解决居住问题，了却后顾之忧。

事实上，起初南自电网向政府申领的公租房虽然是精装修，但并未配有家具。南自电网认为这样的住房如果直接分配给员工居住,员工在精力上、时间上和经济上都有一定负担。故此,尽管作为国有控股企业,南自电网采购的审批流程比较烦琐,但公司仍花费数十万元为所有人才公寓配置了空调、电视机、洗衣机、床、桌子、厨房用具、卫浴设备和窗帘等必备生活设施,员工可实现"拎包即住"(见附录5-1)。

在人才公寓的申请资格上,凡是学历在本科以上,且在南京无自有住房的员工均可申请。此举惠及了公司很大一部分外地"80后""90后"员工。"很多'80后'特别是'90后'在南京留不下来主要原因就是房子的问题,因为南京的就业环境和发展机会还是不错的。"一位人力资源部负责人补充道,"人才公寓为我们留住了一批'80后''90后'员工,我们部门的一个得力干将就非常感谢这个公寓,不然的话他就很难留下来。同时,这个人才公寓也为很多研发部门的同事解决了大问题。"

此外,南自电网在人才公寓的申请上,优先向外勤的工程技术人员倾斜。"这是我们的关怀政策,我们不能让外勤那么辛苦的员工回南京没有地方住。"

全面的薪酬和福利

南自电网的薪酬水平在全行业当中处于中上水平。"我们与行业最高水平的薪酬确实有差距,但我们提供的是全面的薪酬和福利,给员工足够的保障。"

第一,公司对于外勤人员进行薪酬倾斜。公司对于出差人员进行差异化的差旅补助,对于出差去偏远地区的员工,其出差补助高于去非偏远地区的员工,而且公司会提供一些特殊补贴,特别是去偏远地区出差时,公司要求出差人员使用更安全(即使价格更高)的交通工具。

5 南自电网：社会责任从善待员工开始

第二，重视薪酬的合理增长。从公司成立至今，基本上连续4年员工的薪酬都会有差异化地增长。以研发人员为例，2016年人均收入增长达到10%以上。

第三，完备的福利。除了基本的五险一金外，南自电网还推出了住房补贴与企业年金管理办法。凡是对于绩效考核达到一定标准的员工，公司为其提供比例高达18%的住房补贴和企业年金。此外，公司提供总计二三十条线的免费班车，提供午餐补贴和生育慰问金。公司还设立了员工私人医药费的报销制度，并提供住院补贴和补充医疗保险等。

第四，完善的休假体系。尽管《国务院关于职工探亲待遇的规定》明确了劳动者享受探亲假的权利，但实际上很多企业并不认真执行这一规定，导致探亲假实际沦为员工眼中的"水中月"。南自电网强调假期管理的"人性化"，并切实落实该假期制度，外地员工每年可以享受最多30天的探亲假，并报销一定比例的路费。

第五，丰富的员工培训。南自电网跟高校签订合同，每两个月请高校的知名老师对员工进行各方面的培训。公司还曾邀请上过《百家讲坛》的老师面向员工举办心理辅导和美学修养方面的讲座。

工作保障——健康工作、安全生产

绿色办公室

为保障员工的身体健康，南自电网在江宁开发区新园区

社会责任：企业发展的助推剂

的办公室装修中严格实施绿色标准。例如，在招标中确定健康无害装修材料的类别，如木板、涂料等，并且在装修过程中严格按照标准执行。办公家具选择 E0 级材料（即无甲醛类材质），地板材质上也选用进口无甲醛且不含其他有害物质的亚麻材料。与部分企业搬迁新装修办公室时不顾员工的顾虑而强硬实施不同，南自电网搬迁前对室内空气进行两轮检测并向全体员工公示结果，完全合格后才正式搬迁。

完善的安全生产制度

美国杜邦公司曾创造了一项安全纪录，根据统计，"杜邦员工在工作场所比在家里安全 10 倍"。[①] 南自电网领导层表达了希望能够在安全生产上对标杜邦公司的意愿。

第一，为了将安全生产理念根植于公司制度中，南自电网进行了组织架构的创新，设立了安全委员会、HSE[②] 办公室两个安全生产管理机构。其中，安全委员会是一个跨部门协作委员会，由各部门负责安全生产的负责人组成，负责安全生产的规划、决策、经费、应急和事故处理等重大决策和突发响应。HSE 办公室则具体负责安全生产的日常管理工作，如组织安全检查、推动隐患整改、事故调查、安全文化和培训等。此外，南自电网还在各业务部门中设立兼职安全员，监督本部门安全生产工作，并在工会中设立员工安全事务代表（见附录 5-2）。

---

① 东安微讯：《员工在工作场所比在家安全 10 倍，咋练成的？》（2017 年 6 月 1 日），搜狐网，http://www.sohu.com/a/145139912_668704，最后浏览日期：2019 年 7 月 9 日。

② HSE 是指健康（Health）、安全（Safety）和环境（Environment）三位一体的管理体系。

第二,推行安全生产责任制。全面落实"一岗双责,党政同责":在顶层,公司总经理与党委书记同为安全生产第一责任人。而各级部门主要负责人,则为本部门安全第一责任人。所有的领导干部必须走到生产一线去做安全行为观察(SOT)。同时,公司层层签订《安全生产责任书》,即依照公司—部门—二级部门—班组这个自上而下的顺序,逐级落实。

第三,提升安全标准和理念。南自电网依据OHSAS18001建立职业健康和安全管理体系,并推行AQ/T9006安全生产标准化建设。从安全理念方面来看,南自电网提出了安全之路上的三把钥匙,即所有事故可预防、安全工作是职业基础、安全是全体员工的责任。其中,所有事故可预防是指,所有事故都可归因于人的错误,事故本可避免,不可大意和侥幸,要定期组织学习各类事故发生的根源,从中吸取教训;安全工作是职业基础是指,安全是所有工作的前提,不可有任何疏忽,所有过程和活动都应识别和控制安全风险;安全是全体员工的责任是指,安全是员工的基本权力,也是基本义务,所有人员和岗位的安全职责,都应明确并被落实。

第四,建立隐患排查和整改机制。通过采用专项评估和咨询,对消防、化学品管理、电气安全等进行风险评估,并通过安全检查、内外审和全员隐患报告等机制确保及时发现隐患和风险。在发现缺陷和改进机会后,公司会发布《隐患整改清单》和《隐患整改通知书》(见附录5-3),然后发布《安全事故教训分享》供所有员工总结和吸收经验教训。

第五,安全考试和关键绩效指标考核(KPI考核)。南自电网每月都设置了安全生产考试,每个月考试内容有不同的重点。这项考试规定全员必须参加,且要得满分才能合格。不合格的要重新培训和补考,直到合格为止,且安全考试纳入部门的KPI考核。安全生产HSE考核项占KPI的比重因部门而异,以"PC1电力控制业务单元"为例,其安全生产HSE考核项占比达20%。部门奖金及部门中层管理人员的奖金与部门KPI考核结果挂钩,从而使公司各级人员的收入均与部门安全生产的KPI挂钩。例如,安全生产HSE考核项的完成情况如果不达标,部门奖金总额会受到影响,从而影响到部门员工的奖金分配,部门中层管理人员的奖金亦会与部门KPI考核结果同向联动,且每月中层管理人员的SOT安全考核会直接影响到其奖金的5%。

提升认同感和归属感——塑造企业文化

"年轻的员工,特别是'90后',很多人并不为物质担忧,想法和我们这一代很不一样,开心就干,不开心就不干。所以仅仅靠薪酬福利并不足以保证他们能安心地工作。"南自电网党委书记表示,"所以我们自己要经常静下来反省一下,要真正意识到文化的力量很重要"。

确立"10H"文化

南自电网明确了"H"企业文化。首先,"H"象征"打造核心竞争力"的"核";其次,"H"既是"形成合力,合作共赢"的"合",也是"创造和谐"的"和",每一位员工都是和谐工作环境的参与者、建设者;"核""合""和"的三字拼音为"He",其中

"H"代表 H 文化,"e"代表"卓越 excellence",寓意为以"H"文化推动实现公司的卓越绩效。

南自电网将"H"文化分解为"10H"价值理念倡导:用"脑(Head)"去创新,用"手(Hand)"为客户提供高质量的产品、用"心(Heart)"服务客户的理念,强调"职业健康安全(HSE)/诚信合规(Honesty)"的重要性,提倡员工之间"相互协作(Help)""相互倾听(Hear)和学习",鼓励员工在"努力工作(Hard Work)""追求高绩效(High Performance)"的同时,保持"快乐工作(Happy Work)"的态度,共同来营造"和谐的工作环境(Harmonic Environment)"。共筑家园,共创希望!(Here is Home, Here is Hope!)(见附录 5-4)。

让企业文化切实落地

南自电网认为公司需要切实落地企业文化,而不能把企业文化作为流于形式的口号和文字游戏。公司对于归口管理企业文化的行政部进行了比较严格的考核,其中关于企业文化活动的考核项占其部门 KPI 的权重达 20%。公司党委书记表示:"我们不能把企业文化变成墙上挂挂、纸上画画的东西,千万不能让实际做的跟说的完全是两码事。"

另一位负责人表示:"我们并不要求员工把'10H'背下来,而是要让他清楚,公司要和谐、合作、合力,公司要创造一个和谐的环境,创造一个好绩效。我们工会每年有很多的文化活动,包括我们刚刚结束的南京'10H'比赛,至于说你能记住多少不要紧,我们每个人的工作服后背就是一个'H'。我们是把它跟所有的日常的生产和方方面面都融到一起。只要你能记住'H'跟你密切相关就可以了,大的方向一定要记住,

社会责任：企业发展的助推剂

一定要合作，一定要寻找合力，这就行了。"

在"10H"文化的指引下，公司很多活动、工作机制和理念都出现了积极的变化。

公司党委书记说：

"我们在2016年中秋节把食堂的厨师派到人才公寓，烧十几个菜，把所有人弄在一起搞一个联欢，年轻人就觉得很好，对于'90后'的年轻人这比多发一点钱还高兴。"

"我们还尝试多关心新员工的家庭问题，举办联谊活动、体育运动、球类竞技等各种各样的活动。"

"2017年4月份员工餐厅的超市移交给麦德龙运营。公司内部在讨论定价时，有人提出可以比麦德龙高5%，这个大家也能接受，因为员工用餐都是刷员工卡，不需要拿个人的钱。后来我们还是定了一个原则，跟麦德龙一个价，麦德龙多少钱就卖多少钱，我们不能去赚员工的钱，不仅不挣他们的钱，而且要让他每一分钱都花得值。有很多企业说内部办的超市要挣钱，我们不能这样做。"

"对于长时间外勤出差的工程技术人员，对他们个人和家庭的生活的关怀和支持我们没有忽略，比如部门员工长期出差，其家庭有什么困难，部门领导经常去关心……"

"我经常也去跑现场去看他们，也还是有不少刚刚生完孩子就在外边出差被老婆骂的。我们会去和他们聊一聊，他们需要有一个可预期的未来，他们不想跑到40岁或者50岁，所以我们会有相应的机制来满足他们……"

"如果长期出差人员因为各种各样的原因无法继续这样的工作状态，我们也有沟通和调整机制。每年都有一定数量的人员调整到其他岗位，质量部这几年差不多每年都会有一两个工程服务的人员到那边去。还有的转到内部调试去了,有的转到研发去了,每年都会有内部的流动……"

"在'10H'企业文化的指引下,我们开展了'拒绝熟视无睹'安全活动,鼓励全体员工参与对于安全隐患的排查并提出合理化建议……我们发现员工的参与感大大增强了,他们感到不仅仅是公司对自己的要求,而且是自己的需求,自己要参与共同管理。我们员工任何时候发现任何安全隐患都可以通过我们的信息系统报告来督促相关部门去整改。截至2016年,我们所有的员工已经报了1 386例的安全事件报告,领导累计做了安全行为观察2 035次,我们每个月进行安全检查,发现安全隐患是66项,这66项我们全部处理完成,而且没有延期。"

"在企业经营过程当中,员工的归属感很大程度来源于他们的参与感,在车间里大家各种的微笑活动和合理化建议,通过工会、班组广泛地开展,员工小改小革的建议能够及时地被公司接受、采纳、认可并得到奖励。他们看到自己的建议被采纳以后给公司带来了效益,尽管他们可能得到的只是一点小小的奖励,甚至一点奖励都没有,但他们内心依然会觉得自己是公司管理的一个参与者。这就增强了归属感,我们的'Here is Home'就不是空话。"

救助保障和爱心传递
——义务急救队

南自电网党委书记回忆起一段经历,仍感痛心:"一个EMBA校友,是上市公司的高管,在骑自行车运动时发生心

社会责任：企业发展的助推剂

脏骤停，由于身边的人没有急救常识，未能得到有效急救，导致英年早逝……"

"中国人真正受过急救训练的比例远远小于国际水平，跟发达国家比差距巨大。我们国家每年因为心脏骤停、猝死的人数越来越多……公司园区里也发生过类似事件，一个员工上班时间倒下了，没人敢救，你所能做的事情或者以前我们倡导的就是打120，我们这个园区是比较偏远的地方，从打电话到120来，肯定来不及……"南自电网党委书记说。

为了更好地保护员工的生命安全，2015年6月，南自电网与上海"第一反应"志愿者组织结成战略合作。由"第一反应"为南自电网的厂区及办公区配备AED＋急救箱＋通信器材，并在"第一反应"的指导下建立公司内全面急救系统和预案，由"第一反应"为南自电网培训44名急救队员，使其成为持美国心脏协会（AHA）急救证书的专业急救员，并对其进行定期复训和实景演练。目前，急救队还有3名队员通过"第一反应"公益急救宣讲师培训并取得资质，1名队员获得美国心脏协会导师资质。

参加了救援队的员工小王表示："我觉得这个确实是不单单对自己的能力有提高，而且会承担一些社会责任，会有一些公益的意义在里面。我们企业文化本身就有一个'help'，互相帮助。在我们公司，我们还会为公司其他同事宣讲急救知识，大概一次35人左右，2016年一年我们培训了近500人，当年的中秋节我们还参加了急救科普周活动，为南京市民去宣讲急救知识。在我们和别人分享急救知识的时候，心理上也能获得快乐。"

同时，公司还与"第一反应"共建AHA急救培训中心和江苏"第一反应"志愿者服务中心，利用业余时间为社会大型赛事和活动提供急救保障，先后参加上海急救嘉年华、南京急救嘉年华、世界急救日、2015年和2016年两届上海马拉松比赛等活动，把企业内部建立起来的急救能力延伸分享给更多的社会大众。

"急救培训，员工报名是非常踊跃的。2016年上海马拉松比赛，我们的急救队志愿者就自愿参加服务了。志愿者需要提前一天去上海，晚上工作到深夜一点多钟，两点多钟就要起来，三点多钟就要集合，很辛苦。他们是为了保障别人，但他们自己谁来保障？公司所能做的就是为他们提供一些力所能及的后勤服务。比如，员工去上海为马拉松比赛服务，公司就算作出差，给予报销差旅费。"南自电网党委书记说道。

"下一步，我们要走进社区，我们现在培训了500多名公司员工，我们希望这500多人变成种子进行播种，星星之火再去燎原，我们希望能影响一个社区或一个大的行政区域，能够把我们的以急救文化、急救体系为核心的社会责任传播得更广。"南自电网党委书记说。

塑造荣誉感——支持国家重大项目

在南自电网的理念中，对国家重大项目的参与也是践行企业社会责任的重要形式。雪域高原上川藏联网工程、巴塘和昌都变电站、220 kV 邦达和玉龙变电站、西藏首座 220 kV 智能变电站墨竹工卡变电站、220 kV 色麦变电站、220 kV 林

社会责任：企业发展的助推剂

芝变电站、2014年南京青奥会设备的抢险保电工程、2016年G20杭州峰会……国家重大项目和活动中经常活跃着南自电网员工保电奋战的身影。

比较具有代表性的是西藏尼玛项目。西藏那曲地区尼玛县平均海拔4 800米，地处偏远、自然条件恶劣，未与电力主网连接，用电十分困难，特别是冬春季节连续停电时间长达近150天。因此，建设局域电网对改变尼玛县居民生活、生产电力供应严重不足的现状，助推全县人民脱贫都具有重要的意义。按照国家能源局和自治区政府安排和相关协议，南自电网公司负责为该局域电网项目提供10 kV开关站的二次设备舱、综合自动化系统及相关设备的设计、生产、调试等工作。

"工作和生活条件都极为艰苦。"一位负责人回忆，"南自电网公司派驻现场服务人员共计4名，最长的工作时间达到50天，员工必须要克服高原反应、沙尘暴及现场恶劣的气候环境，还要在极其艰苦的工作环境下完成现场的调试工作。"

"有些事迹很感人也很心酸。一位调试服务工程师在入藏期间母亲在老家遭遇车祸导致腰部骨折住院，而妻子除了要照顾母亲还要照顾6个月大的孩子。虽然他心里焦急万分，但始终坚持在尼玛现场，直到圆满完成工作任务后才匆匆赶回家，直接去了医院看望年迈的母亲。"南自电网党委书记说

然而，在艰苦环境下，参与这类国家重大项目不但没有挫伤员工的积极性，反而激发了员工的荣誉感。一位从尼玛项目归来的员工说："确实太艰苦了。但每当看到尼玛县当地老

百姓期盼来电渴望的眼神时,听到老百姓每天都会询问什么时候能送电的急切时,还有自己每天感受到夜晚没有电的苦恼时,会立刻感受到自己身上肩负的使命。"

尽管在 HSE 办公室的关心下,员工在进藏前进行了体检,还提前服用了抗高原反应的药物"红景天"。但是研发中心一位员工还是出现了比较大的高原反应,但他并不后悔:"看着当地群众的笑脸,真真切切地感受到自己的工作带来的成就感,这样的社会效益不是统计数据、不是获奖证书,而是可以感受、可以触摸到的。在那一刻,我为自己是一名南自电网公司的员工而感到自豪。"

党委书记也颇有感慨:"当地居民过年期间放鞭炮来庆祝他们用上电了,那个高兴劲儿我们在现场的员工是很受感动的,他们觉得自己做的事情不仅是为了企业,更是一种社会责任感和荣誉感。"

水 到 渠 成

一位公司高层表示:"一些事情不一定是我们刻意追求的目标,但是我觉得很多时候好的结果也是自然会来的。"

"企业文化建设效果出来了,我们向员工传达一种家的氛围与对家人工作、成长、健康的关怀,这改变着员工对公司的感情,凝聚成公司与员工之间情感的纽带。在招聘工作中,通过对公司家文化的宣传,让应聘者感受到了不一样的企业文化,增强了公司的吸引力。"一位人力资源部负责人颇有感触,"人才公寓的建设对人才引进帮助极大。在面试过程中,外地候选人、年轻候选人关心的一大问题就是南京的房价和住宿

社会责任：企业发展的助推剂

的成本。候选人在了解到公司这一政策之后就放下了后顾之忧，安下心来加入公司大家庭。"

一位中层管理者补充道："与同行比，我们的工资水平还是不如一部分企业的，但是有的员工甚至就从那些高薪企业跳槽过来的，还有一些是辞职以后又回来的。在我们的企业文化、社会责任这方面，他们确实感到有一种荣耀感。还有就是信赖感和归属感。企业勇于承担社会责任，关心员工权益，员工看到这样的企业是可持续发展的。公司对我关心，不会抛弃我，我信任公司。所以我们的企业文化里说'这里是我们的家'。家是我们共同奋斗的地方，也是共同分享的地方。员工有了这样的归属感对企业的持续发展、发挥个人创造力，最对企业的总体效益和追求卓越有非常大的帮助。从一个中层管理者的角度来看，我觉得从2013年以后，我们有了很积极的改变。"

受益于此，公司在经营上也得到了回报。以研发中心为例，其员工满意度在公司中处于较高水平[①]，其产出也呈现大幅增长。其专利申请量从2012年的8件（以申请公开日为准），迅速增长到2015年的116件，2016年进一步达到了139件，为公司未来的发展打下坚实的基础。

南自电网的理念和践行也得到了股东ABB集团的高度认可。ABB集团为了推进可持续发展战略，2010年起面向全球100多个国家的1 000多家相关企业进行CEO卓越运营大奖评选活动。此奖项分为金、银、铜以及优秀奖四个级别，至今全球仅有6个企业获得金奖，而南自电网公司即为其中

---

① 资料来源：南自电网公司《员工满意度调查分析报告》。

5 南自电网：社会责任从善待员工开始

之一。

"（企业）为了更好的世界而存在"，这是 B 型企业①的宗旨。下一步，南自电网计划筹备"B 型企业认证"工作。南自电网公司有关负责人表示，在善待员工的基础上，对于社会责任、社会公益下一步都会围绕 B 型企业认证来开展。比如，公司计划逐步地从产品设计的源头上就开始做环保设计，做好减排包括能效和最后的废弃物的处理。"有一些计划我们已经开展了甚至已经完成了，有一些还正在规划或者是实施。"公司党委书记总结道："一切围绕 B 型企业，这是我们今后的整体战略……"

---

① B 型企业认证体系（B Corp Certification）由非营利机构 B Lab 推出，旨在重新定义商业领域的成功——让所有企业"运用商业之效力，打造世界之美好"，不仅要让企业成为"世界上最好的企业"，更要成为"为了更好的世界而存在的企业"。简单地说，B 型企业必须考虑他们对所有利益相关方产生的影响——包括员工、供应商、社区、消费者和环境等，而不仅仅是股东。从 2006 年开始，全球已有 50 个国家（地区）、130 种产业的 1 800 多家企业通过 B 型企业认证。中国台湾和中国香港地区都有获得认证的企业。一个最基本的标准是，要通过 B 型企业认证，申请的企业必须在社会与环境业绩、员工、社会责任和透明度方面都满足一系列的要求。

附录5-1 南自电网公司员工人才公寓

图1.1 南自电网公司员工人才公寓内部图示之一

图1.2 南自电网公司员工人才公寓内部图示之二

资料来源：南自电网公司。

附录 5-2　南自电网公司安全生产管理架构

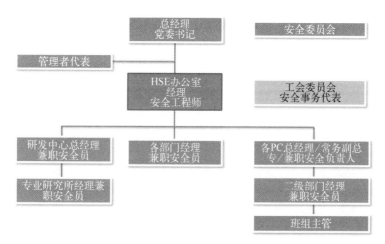

资料来源：南自电网公司。

社会责任:企业发展的助推剂

附录5-3 南自电网公司安全生产检查整改清单示例

问题描述	责任部门	采取的措施	完成
SMT生产区域部分干燥柜固定脚未落地固定。	PC3生产制造部	将干燥柜固定脚放下。	完成
智能站屏柜采用非标屏柜托盘存放,未摆放在正中,存在屏柜倾倒的危险。	PC3仓储部	建立非标准屏柜托盘摆放说明并对屏柜运转工进行培训。	完成
PC1调试大厅消防栓被工程物料阻挡。	PC1生产调试部	将工程物品移开,保持消防栓不被遮挡。	完成
PC3工程物料库房物品堆放超高。	PC3仓储部	将超高的物品重新码放。	完成
PC3生产制造部ABB生产区域高压实验区无围栏和高压警示标志。	PC3生产制造部	重新划定安全区域,制作警示标志	未完成(未超期)
PC3生产制造部ABB生产区有一个插座引出插头过多,易过载。	PC3生产制造部	领用并安装第二个多头插座,按设备功率分开插	未完成(未超期)
PC3生产制造部ABB生产区650测试装置上的电源接头处带电,无防护。	PC3生产制造部	重新接线并做绝缘处理	未完成(未超期)
危化品库房无安全标志。	PC3生产制造部	增加安全标示	未完成(未超期)
C厂房G-2柱子下方安全出口电源面板破损	PC3运维部	将破损电源面板修复	完成
调试人员使用测试仪电源和测试线拦住通道	PC1生产调试部	测试线和电源线应从地上通过	

资料来源:南自电网公司。

5 南自电网:社会责任从善待员工开始

附录 5-4 南自电网公司企业文化

图 4.1 南自电网公司"H"企业文化

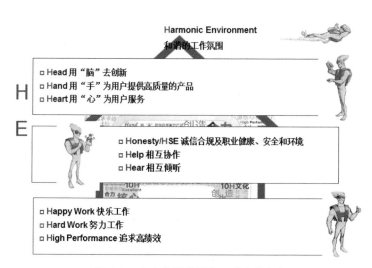

图 4.2 南自电网公司"10H"企业文化

资料来源:南自电网公司。

> 点评

社会责任从善待员工开始

黎瑞奕[*]

人力资源管理有六大模块:人力资源规划、招聘与配置、培训与开发、绩效管理、薪酬福利管理、劳动关系管理,南自可以成功,归功于这六大模块都做得非常好。

南自电网自成立以来高度注重企业社会责任的践行,具体体现在如下5个方面:生活保障-完善的薪酬福利体系(人才公寓,全面的薪酬和福利);工作保障-健康工作,安全生产(绿色办公室,完善的安全生产制度);提升认同感和归属感-塑造企业文化(确立"10H"文化,让企业文化切实落地);救助保障和爱心传递-义务急救队;塑造荣誉感-支持国家重大项目。

从理论角度来看,南自是将保健因素和激励因素结合起来对员工进行激励,从而激发了员工的主动性、积极性。

南自的企业社会责任感,是通过电网的安全运行,转化为提升广大城乡居民的生活质量。而电网的安全运行是靠员工来维护保障的,因此,南自把善待员工放在其履行社会责任的首要位置。正如南自电网党委书记所说:作为一个企业,谈社会责任首先要关注员工,如果连员工都不关注谈什么社会责任呢?既然我们倡导社会责任,那就让我们的社会责任从善待员工开始!

---

[*] 上海灿星文化传媒股份有限公司市场副总监。

5 南自电网：社会责任从善待员工开始

南自电网对员工的善待，体现在员工的生活保障拥有完善的薪酬福利体系、工作保障拥有健康工作安全的人居环境，尊重员工的获得感。在生活和工作保障的基础上，南自通过塑造企业文化凝聚员工向心力，通过"10H"价值理念的倡导，提升员工对企业经营理念的认同感和内心归属感。

为了胜任国家重大供电设施设备故障抢修的繁重任务，南自组建了义务急救队，一方面在危机现场学会自救，另外一方面参与社会大型赛事活动的爱心救助，以实际行动回报社会。

企业善待员工是会得到回报的。企业提供全面的薪酬和福利，给员工足够的保障，向员工传达一种家的氛围，这改变了员工对公司的感情，让员工有信赖感和归属感，企业勇于承担社会责任，关注员工权益，员工看到这样的企业是可持续发展。加强了员工对企业的信任，员工有了这样的归属感对企业持续发展，发挥个人创造力，最终对企业的总体效益和追求卓越有非常大的帮助。

企业发展的关键是人才，只有留住人才企业才能实现可持续发展，只有为员工提供广阔的发展空间，使员工的能力，潜力得到充分的发挥才能留住人才。这就要求企业应面向全体员工开展教育培训，提高员工的综合素质。员工的归属感很大程度来源于他们的参与感，企业在经营活动中，调动员工参与企业管理的积极性，增强员工的主人翁意识。

企业在实现利润过程中，应建立一套完善的薪酬福利体系，确保公平性和合理性，将员工在工作中的表现与奖励，薪酬合理挂钩，有效激发员工工作的主动性和积极性。只有给员工足够的保障，让员工放下后顾之忧，才能安心加入公司的大家庭。

从权属关系定位,企业是社会公民,社会责任感应体现在自觉履行政府规定的责任和义务,在恪守有关法律与法规的前提下,合法经营、照章纳税,接受政府和社会各界的监督。

从外部环境来分析,企业严格遵守有关法律规定,企业对股东的责任首要因素是给股东有可信赖的投资回报率,向股东实时披露公司企业真实的经营和投资方面的数据,确保相关利益方的收益安全。

从内部的环境来分析,企业只有创造一个和谐的环境,才能实现好的绩效,管理者应着力从生活、工作等方面提升员工的满意度,建立企业与员工之间的情感纽带,毕竟人才战略是实现经济和社会发展目标的重要保证。

6 朗诗履行战略性企业社会责任*

（上）

"造什么样的房子，不是技术问题，而是世界观问题。我们看重的是怎样以人为本、跟自然和谐相处。"说这话的，是朗诗绿色集团有限公司（以下简称朗诗，香港联交所股份代号00106）创始人、董事局主席田明。成立于2001年12月24日的朗诗，是一家从事绿色科技地产以及相关产业的房地产开发公司。

在中国房地产市场，坚持从事绿色地产的朗诗被认为是"非主流"企业。主流企业大都在用标准化模式建房，并以此快速周转资金并扩大市场规模，而朗诗却在因地制宜地打造绿色住宅。每到一个城市，朗诗都会查阅研究这个城市连续20年的气象资料用以分析当地的气候特征，同时，了解当地人居住需求。然后根据这些信息来设计个性化住宅方案。

---

* 本案例由中欧国际工商学院教授芮萌、案例研究员朱琼共同撰写。在写作过程中得到了朗诗绿色集团有限公司的支持，该案例目的是用作课堂讨论的题材而非说明案例所述公司管理是否有效。

社会责任:企业发展的助推剂

"尽管绿色模式非主流,但是我们的发展证明了,绿色模式不仅可以获得商业成功,甚至可以获得较高的盈利效率(见附录6-1)。"田明说。不过,2017年底的数据表明,朗诗年营收不到百亿元,而其同行中不乏营收数百亿元甚至上千亿元者(见附录6-2)。在2018年上半年中国品牌房企销售业绩排行榜中,朗诗位列69。①

绿色不仅是朗诗战略和商业模式的差异化特色,也是他们履行企业社会责任(CSR)的主要方向。2016年,朗诗制定了与朗诗业务战略兼容的企业社会责任战略。此后,朗诗就是在其兼容了企业社会责任战略的绿色战略驱动下发展。

在2018年下半年及之后的中国房地产市场,朗诗兼容企业社会责任战略的绿色战略是否能构成其强有力的竞争力?这个兼容战略还能让朗诗拓展哪些发展空间?凭借这个战略,朗诗是否能持续吸引来足够多志同道合的人才?所有这些问题均构成了田明不得不面对的挑战。

中国房地产市场

概貌

中国房地产自1998年亚洲金融危机之后,在政府住房改革政策的导向下进入了市场化阶段。此后一直到2007年,被称为房地产市场的"黄金十年"。在此期间,中国经济平均增

---

① 中国指数研究院:《2018年上半年品牌房企销售业绩排行榜》(2018年6月29),房天下,http://fdc.fang.com/news/zt/201806/201806xsphb.html,最后浏览日期:2018年7月30日。

速约为12%,城镇居民可支配年收入从5 160元上升到13 785元,人口城镇化率从33%提升到46%,北(京)上(海)深(圳)常住人口净流入1 299万人。在这种背景下,房地产投资年平均增速为24%,拿地面积平均增速为21.1%,新开工面积平均增速17%,商品房销售面积平均增速达20%。房地产行业毛利润率上升至38%,净利润率上升至14%,地价占商品房价格的23%左右。①

2008—2017年,是房地产市场的"白银十年"。这十年,中国经济继续保持稳定增长(见附录6-3),居民可支配收入也在不断增长(见附录6-4)。但房地产行业投资年平均增速却下降至18.5%,拿地面积平均增速也下降至-4.5%,新开工面积平均增速下降至7.6%,商品房销售面积平均增速下降至9.4%。房地产行业毛利润率下降至27%,净利润率下降至8.8%。② 2017年底,商品房年度新开工面积为17.8亿平方米,同比增长7%,销售面积为16.9亿平方米,同比增长7.7%(见附录6-5);土地购置均价为5 349元/平方米,同比增长29.0%,地价占房价比重达68%(见附录6-6),商品房成交均价为每平方米7 892元,同比增长5.6%(见附录6-7)。③

驱动房地产行业前20年变化的主要因素,除了来源于市场供需矛盾,还在于政府政策调控。当市场过热时,政府推出降温政策,相反,当市场趋冷时,则推出激励政策(见附录6-

---

① 泽平宏观:《读懂房地产的二十年》(2017年12月26日),搜狐,http://www.sohu.com/a/212956024_276934,最后浏览日期:2018年8月16日。
② 同上。
③ 赢商网:《2017年中国房地产全国市场年报》(2018年1月24日),http://down.winshang.com/show-90345.html,最后浏览日期:2019年7月10日。

8)。2017年,党的十九大报告中明确指出:"坚持房子是用来住的,不是用来炒的定位,加快建立多主体供给、多渠道保障、租购并举的住房制度,让全体人民住有所居。"①为此各地出台了扶持住房租赁市场的政策。

2018年,政府通过政策和金融工具对房地产的调控力度持续加大。截至2018年6月底有50多个地级以上城市和10多个县市出台限购、限售等政策。与此同时,50个代表城市新建商品住宅市场月均成交量同比下降10%,其中一线城市以同比25%的降速处于降速最大的位置。②

所有这些变化,在行业人士看来都意味着房地产市场高速发展的时代已过去,市场正在逐步趋向理性。③

房地产开发商

截至2017年末,中国房地产开发商中总资产超过千亿元的企业有45家,约占上市房企总量的21%,超过3 000亿元的企业有12家,超过万亿元的企业有3家(恒大、万科、碧桂园)。总资产排行前15的企业,总资产累计值占比超过50%,④权益合同销售额占比为23%,而2018年上半年结束,

---

① 新华网:《决胜全面建成小康社会 夺取新时代中国特色社会主义伟大胜利》(2017年10月18日),http://www.china.com.cn/19da/2017-10/27/content_41805113_5.htm,最后浏览日期:2019年7月9日。

② 中国指数研究院:《2018年中国房地产市场总结与趋势展望》(2018年7月1日),搜狐,http://www.sohu.com/a/238735658_669272,最后浏览日期:2018年7月30日。

③ 易居研究院:《易居院预判:2018年全国楼市回归理性,防止大落》(2017年12月29日),搜狐,https://www.sohu.com/a/213492509_611172,最后浏览日期:2018年7月30日。

④ 吴家明:《房地产行业进一步洗牌重整》(2018年5月25日),证券时报,https://finance.qq.com/a/20180525/037538.htm,最后浏览日期:2018年7月30日。

权益合同销售额占比达 29.7%。①

在 2018 年之前的 20 年里,中国房地产开发商的商业模式大多是"拿地—盖房—卖房":先利用过桥资金缴清土地出让金,取得房屋预售证后尽快销售还没盖出来的房子,用销售回款偿还过桥资金。运用这个模式,开发商可以撬动比自身注册资本大得多的项目。由此,107 家上市房地产企业总资产负债率从 2010 年的 70% 左右升至 2017 年 3 月末的 78.52%,净资产负债率从 2010 年的 63% 升至 2017 年 3 月末的 132%。② 不过,当市场划过鼎盛期后,这种模式就失去了高效运作的土壤。于是,房地产开发商陆续寻求转型。它们或开发经营租赁地产,比如长租公寓;或开发商业地产;或进行相关多元化,涉足物业管理、健康地产、教育地产、文化地产等领域。

绿色发展

随着中国房地产的发展,环保问题不断暴露。世界银行的数据显示,全球碳排放量的 19.9% 来自中国,而中国碳排放量 40% 来自房地产建筑业。③ 因此,实现房地产业的绿色发展已成为不可忽视的需求。

2017 年 5 月,中国政府对房地产的绿色发展提出要求,

---

① 外汇天眼 fxeye:《2018 下半年房地产行业:行业再紧,稳中求胜》(2018 年 7 月 17 日),快资讯,http://sh.qihoo.com/pc/9ba84719e1eeea5cd?cota=1&sign=360_e39369d1,最后浏览日期:2018 年 8 月 16 日。
② 泽平宏观:《读懂房地产的二十年》(2017 年 12 月 26 日),搜狐,http://www.sohu.com/a/212956024_276934,最后浏览日期:2018 年 8 月 16 日。
③ 高伟:《房地产企业普遍转型绿色发展 绿色建筑渐成趋势》(2017 年 7 月 22 日),温州房产网,http://wenzhou.house.qq.com/a/20170722/002207_all.htm#page1,最后浏览日期:2018 年 7 月 9 日。

社会责任：企业发展的助推剂

到2020年中国城镇新建民用建筑全部达到节能标准要求,城镇绿色建筑占新建建筑比重达到50%,新开工全装修成品住宅面积达到30%,绿色建材应用比例达到40%,装配式建筑面积占新建筑面积比例达到1.5%。[①]

为了促进房地产的绿色发展,中国政府出台了一系列支持政策,并推出绿色信贷、绿色债券、绿色保险和绿色基金等针对房地产的金融产品,与此同时,政府还颁布了《绿色建筑评价标准》,从节地与室外环境、节能与能源利用、节水与水资源利用、节材与材料资源利用、室内环境质量和运营管理六大指标,对建筑项目进行等级评价,当评价总分分别达到50、60、80分时,对应绿色建筑等级为一星级、二星级、三星级。

据2016年的数据显示,全国获得绿色建筑评价标识的建筑项目中一星标识项目2 569个,二星标识项目604个,但三星标识项目不足百个,分别是公共建筑58个、住宅项目26个。[②]

随着环境污染压力的增大,不少房地产企业都涉足了绿色建筑领域,但真正把绿色提升到战略高度并贯穿整个商业模式者并不多。成立于1999年的北京锋尚房地产开发有限公司是中国绿色建筑的先行者,其开发于2002年的锋尚国际公寓,是中国第一个全面引进欧洲技术的"恒温、恒湿、恒氧"(简称"三恒")节能环保住宅。

---

① 中新经纬:《住建部:2020年,城镇新建建筑要有一半是绿色建筑》(2017年5月4日),搜狐,http://www.sohu.com/a/138175781_561670,最后浏览日期:2018年7月30日。
② 陆澜清:《2018年中国绿色建筑行业绿色建筑三星标识的项目不足百个》(2018年6月8日),前瞻网,https://www.qianzhan.com/analyst/detail/220/180608-214a4114.html,最后浏览日期:2018年7月31日。

6 朗诗履行战略性企业社会责任

北京当代置业集团股份有限公司是另一家坚持打造绿色科技地产核心竞争力的企业,成立于2000年1月,2013年在香港上市(股票代码1107.HK)。发展到2017年,该公司的收入为85.06亿元人民币,同比增长0.6%,利润为7.06亿元,同比增长6.2%(见附录6-9)。

田明的价值观

创建朗诗时田明已40岁。此前,他是一位政府官员。之所以要告别"铁饭碗"选择从零创业,田明说,这是因为他想按照自己的思路去做一番有价值的事,想做一家"百年老店"。

而要做成百年老店,田明认为创业者或者企业家心里一定要有利他的种子,如果没有这粒种子,就会沦落为一个只想赚钱的商人,成就不了一个对社会有价值的百年老店。

切入房地产市场创业后,田明将利他之心具体化为"在尊重自然规律前提下的以人为本",之所以要加上这样的前提约束,是因为他意识到,如果不能让环境可持续发展,那么以人为本也难以为继。

以人为本的"人",在田明创办朗诗时,被分解为员工、客户、供应商、合作伙伴、股东和投资人,以及跟朗诗没有直接关系的需要帮助的人。田明认为,朗诗只有持续为这些人创造价值、提供服务,才能永续生存。

为了让朗诗具备这样的价值创造基因,田明在创业之初就对团队约法三章,第一,忠诚于公司利益;第二,拒绝团队内耗,奉行阳光沟通、团结;第三,持续学习。在创业团队践行约法三章的过程中,田明的价值观逐渐内化成了朗诗的价值观:

社会责任：企业发展的助推剂

人本、阳光、绿色。

"强调以人为本，这个价值观在商业模式上是成立的。作为开发商，如果不能把价值归结在人的使用上，这个东西就走不长。只有产品做得让人感到舒服、健康，人们才会对产品产生黏性，才会重复购买。"说这话的王磊，是朗诗集团地产业务总经理，2014年加入朗诗。此前，他已在房地产行业浸淫十几年。尽管是在半路加入朗诗的，但王磊说自己在朗诗做工作决策时，已本能地将绿色理念作为思考的出发点。

朗诗简介

创建于南京的朗诗2013年在香港借壳上市。朗诗的市场覆盖中国、美国、欧洲等，在中国的开发项目主要集中在一二线城市，以及少量三线城市的核心区域。截至2017年末，朗诗在中国近30个城市开发了100多个绿色科技地产项目，获得了32个三星级绿色建筑标识。

2018年2月，朗诗将公司名称"朗诗绿色地产有限公司"改为"朗诗绿色集团有限公司"。自此，朗诗在原有地产核心业务的基础上，将集团定位为"综合性绿色开发运营商和生活服务商"。田明认为，朗诗更名是其转型升级战略的必然结果。

朗诗战略演进

在其过往的17年中，尽管朗诗的战略因应市场的变化而不断调整，但按照田明的说法，无论朗诗在哪个战略阶段，绿色环保、以人为本始终是战略中不变的基因。

聚焦绿色差异化住宅

朗诗打造绿色科技住宅，是从其创建后开发的第二个项目开始的。朗诗的第二个项目朗诗国际街区位于南京河西区。同时进入这个区域开发的，有包括万科、万达、中海在内的四五十家开发商。于是，按照田明的形容，朗诗是置身于"狮虎"和"土狗"堆里。与万科、万达、中海等"狮虎"相比，朗诗在品牌、资本和能力上都处于劣势；而与那些能拿到便宜土地的地方开发商（"土狗"）相比，朗诗也没有成本优势。此时，通过第一个项目已经基本摸清房地产主要门道的田明意识到，与"虎狼"们同质化竞争，弱小的朗诗是没有胜算的。于是，他想到要走差异化道路。

然而，选择什么样的差异化道路呢？最初田明并没有方向。于是，2004年，他带着团队走出南京去调研市场。北京锋尚国际公寓是田明团队接触的第一个高舒适度低能耗住宅。体验过这个住宅后，田明就认定，在冬冷夏热、黄梅天湿度大的江浙地区，"三恒"住宅能提高人们的生活质量，同时，这种住宅的节能特性，也满足能源日趋紧张的中国市场需求。锋尚国际公寓的建造技术引自德国，于是，田明就顺藤摸瓜去德国考察了这套技术。紧接着，他又面临一个决策，是把原装技术设备全套引进来，还是引进核心技术其他的自己做？全套设备引进来的成本很高，他认为南京市场消费者不足以承受，于是，站在消费者的角度，他选择引进核心技术，请德国专家到南京就地指导设备研制和方案设计。为了进一步节能，田明团队还对德国技术方案进行了改进，选择了节能效率更高的地源热泵作为单一的能源供应手段。

朗诗国际街区总建筑面积为35万平方米,而朗诗用这种外部技术和专家、再加上自主创新的模式,在2004年之后的两年半中,只建成了5万平方米的绿色住宅。对那些半年开发出一个项目的房地产企业来说,这个速度"慢得"不可思议。不过,这样的"慢"让朗诗掌握了绿色建筑开发的能力,并实现了采购本土化。于是,2006年,田明确立了朗诗聚焦绿色环保科技住宅的差异化战略。

此后的5年里,朗诗不仅完成了南京国际街区所有楼盘的建造,还在苏州、无锡、上海等市场开发了类似产品,并于2009年在限购、限贷政策所造成的高端住宅需求锐减的压力下,将绿色产品线延伸至面向首次置业人群,利用负压新风、外墙保温、节能门窗等简单实用的绿色技术,向年轻客户推出性价比较高的绿色"未来系"住宅。

为了让朗诗绿色住宅中的技术设备能有效运转从而维护良好的用户体验,朗诗还于2005年成立了物业管理公司。

"深绿"战略

当房地产行业从黄金期进入白银期后,发展空间受限已是行业共识。实际上,早在2006年,万达就启动了由单一地产向商业地产、文化、旅游等产业延伸的战略转型。而发展到2010年,田明也意识到单一地产模式所导致的规模受限的危机。于是,2012年8月朗诗也启动了"深绿"战略,即在原有绿色地产开发的基础上,将业务线延伸到绿色科技服务、绿色养老产业和绿色金融服务。田明在发布"深绿"战略时表示:"未来5年,朗诗将以地产为主要盈利点,积极探索养老业务,还将建立绿色金融平台,为其他三项发提供资金保障。"

朗诗的深绿战略包含着两部分战略转型,第一,由单一地产公司向相关多元化的集团公司转型;第二,由重资产型产业向轻资产型产业转型。

绿色科技服务

这是朗诗进行相关多元化的第一步。朗诗拥有之前10年积累的绿色建筑和能源技术,在"深绿"战略中,朗诗要向外提供技术服务,包括绿色代建、设施设备管理和能源管理等。之所以要这样做,田明说,主要是看到了当时环境污染的危机,"当时市场上能提供这方面技术和服务的公司不多。"

2013年,朗诗将这部分业务独立出去,成立了上海朗绿建筑科技股份有限公司(以下简称朗绿)为的是让绿色环保技术惠及更多应用者。2017年2月,朗绿在新三板上市(证券代码870998),2017年其实现净利润1 176万元,同比增长71%。

养老

尽管养老是房地产厂商们都选择进入的领域,但朗诗并没有像同行那样选择养老地产业务,而是选择整合社会存量房地产资源提供养老服务。朗诗认为,"让老人生活在远离家人的养老社区会让老人感到孤独。"而"就近养老"和"就地养老"是老人的真实需求。

于是,朗诗通过嵌入社区的方式来满足"就近养老"需求。他们在南京各种社区(不限于朗诗地产社区)中租赁物业房产

社会责任：企业发展的助推剂

并进行相关改造。同时，组建了专业的服务团队，面向社区不同老人的需求，提供居家上门、社区托管、机构照护、一站式养老等服务。2017年，朗诗基本完成了以南京为城市样板的养老服务基础经营布局（见附录6-10）。

朗诗的养老服务定位于中高端客户群。之所以选择这个定位，是因为朗诗认为只有从这个市场起步，才可能形成一个可持续的商业模式。"作为企业，我只能用合理的商业模式去解决社会问题。否则，我无法对投资人交代。"田明认为，中低端大众的养老需求应该由政府去满足，企业不可能解决政府要解决的所有问题。实际上，朗诗养老服务的价值已得到政府的认可，在一些地方，地方政府主动与朗诗合作开办养老服务机构。

从2018年起，朗诗开始瞄准全国市场展开养老业务，上半年已进入北京、广州、上海等6个城市。

长租公寓

2017年，朗诗选择长租公寓作为又一个多元化业务。这个市场在2016年就吸引来了房地产企业和互联网企业，比如万科、小米、链家等。不过朗诗的长租公寓特别之处在于，它也是盘活旧楼、废弃楼资源的结果。对于这些存量楼盘，朗诗不惜花重金按照绿色环保的标准去装修，为的是让那些租房难的城市白领能住上环保安全的公寓。

2017年底，朗诗在长租公寓市场取得了55个项目，布局在北京、上海、广州、深圳、杭州、南京等11个城市，拓展房间数15 040间，运营房间数2 010间，收入828万元，规模位列行业第五。而朗诗在这个领域的目标是进入前三。

6 朗诗履行战略性企业社会责任

绿色金融

创立于2012年的青杉资本,是朗诗绿色金融服务的平台。作为朗诗的非银行融资平台,青杉资本发行了多支绿色地产基金和信托产品。2015年,青杉资本获得私募投资基金管理人的登记证书,2017年底,其管理的资产规模达60亿元。

2015年,随着朗诗地产开发模式向资产轻型化转型,青杉资本也进行了定位升级,从此前朗诗的融资渠道变成朗诗集团兼顾投融资与资产管理多重功能的平台。

2016年,青杉资本分别与中信资本、平安不动产、中融信托成立城市更新投资平台,致力于一线城市的存量物业改造。青杉资本有意挖掘价值被低估、定位错误、低效或使用率低的存量资产,利用朗诗绿色差异化产品技术改造,提升资产使用价值。

此外,它还承担"另类投资"的角色,即帮助朗诗在非公开市场进行收并购。在朗诗2016年拿下的21个项目中,青杉资本直接投资以及参与协作投资的项目占比近一半,而且这些项目一般比较复杂,有的涉及境外股权收购。

包括青杉资本在内的上述所有的多元化业务,都被归类于朗诗的"榕树林计划",后者是朗诗于2016年提出的,旨在发展地产业务之外的纵向多元化生态体系。这个体系还包括朗诗的物业公司和设计院公司等。"这些轻资产业务会涉及不同的客户群体和利益相关者,从而让更多人体会到朗诗的价值观、感受到我们的人性关怀。由此,可以为我们营造一个长远发展的生态。"田明勾勒着"榕树林计划"的结果。

社会责任：企业发展的助推剂

地产战略转型

2013年朗诗地产业务在香港股市借壳上市后，马上面临了来自投资者的压力，投资者是很难容忍朗诗之前那样不紧不慢打造产品的；与此同时，市场的变化也让田明感到朗诗之前的地产模式不容乐观。田明认为，2013年是中国楼市繁荣的转折点，当年商品房销售了13亿平方米，而当年的中国人口也只有13亿。"此后将很难再现2013年的繁荣"，因此，他判断这个行业将会重新洗牌，地产将进入品质时代，市场会越来越金融化。如果朗诗还像原来那样用有限资金开发有限规模的项目，那么，一旦某个项目出现差池，就会给朗诗带来极大风险。如果朗诗凭借已有的技术、品牌或资金通过合作方式去撬动更多的项目，那么，风险就会分散很多。

基于这样的判断，2015年，朗诗对地产业务提出了"产品差异化、资产轻型化、市场国际化"的战略，即继续坚持打造绿色环保住宅产品，同时要转变之前的重资产运作模式，另外，还要将市场扩大到中国之外。

资产轻型化

朗诗的资产轻型化主要涉及三方面内容：第一，加大合作开发力度，或在自有项目上引入开发商、金融机构等合作伙伴，或参股其他开发商项目，朗诗原则上不再单独投资项目；第二，利用朗诗独特的产品技术，大力开展小股操盘业务，由此既能获得资本投资收益，又能获得技术服务和管理输出的利益；第三，开展代建、定制、技术服务等轻资产业务。

6 朗诗履行战略性企业社会责任

早在2014年7月,朗诗就开始尝试小股操盘。朗诗旗下南京朗铭公司联合苏州科技城科新文化旅游发展有限公司竞购苏州一块土地。在该项目中,朗诗占股20%,并受托负责项目开发管理,同时收取相关的项目收益、开发管理费、技术系统咨询费和品牌使用费等。不仅如此,因为使用了朗诗的设备,朗诗物业也顺理成章地进入了此项目楼盘。

从这个项目中,朗诗看到了自己多年积累的绿色住宅开发的品牌、技术、管理能力的价值和吸引力。而这些也奠定了朗诗进行资产轻型化转型的底气。在转型过程中,朗诗不仅与同行合作,还与行外企业或机构合作。在合作中朗诗坚持亲自操盘。

只有亲自操盘的项目,朗诗才把它归类为"朗诗出品"。"朗诗出品"并不意味着朗诗都持有股东权益。如果是历史遗留的项目,那么,朗诗100%持股;如果与人合作,那么朗诗部分持股并操盘;如果是受投资商委托开发,那么朗诗完全没有股份。

在"朗诗出品"中,田明希望朗诗所占股份权益比重不断下降。2015年这个比重为70%,2017年,这个占比下降到30%。2017年,朗诗新增34个项目,新进入北京、重庆、西安、济南等14个城市,新增可售面积340万平方米,可售货值537亿元,其中,非朗诗权益货值396亿元,新增开发服务合同14亿元。新增项目中9成是通过收并购、参股及委托开发等多种方式获得。2017年朗诗合约销售额为321亿元,增长13%,其中非朗诗权益销售额为203亿元,获得开发服务收入7.5亿元,增长21%,实现开发服务利润3.1亿元,增长14%。

社会责任：企业发展的助推剂

合作开发模式给朗诗带来了规模和新收入来源，但同时也带来了诸多挑战：朗诗人都有很强的文化和产品自信，当遇到不同文化或价值诉求时，如何沟通协调，如何保证项目能符合"朗诗出品"的品牌特质，如何能放下身段倾听合作伙伴意见并反省弥补自己的不足等，都是回避不掉的问题。朗诗合作模式能走多远，主要取决于对这些问题的应对能力。

美国业务

在中国香港地区的上市让朗诗获得了国际化视角。本着"不把鸡蛋放一个篮子里"的风险规避意识，朗诗在全球考察了8个月后，决定首先开拓美国市场，因为美国市场不仅大，而且稳定、成熟。于是，2013年朗诗在美国成立子公司，并决定将集团资产的10%—12%投入美国市场。

朗诗在美国市场布局于纽约、波士顿、旧金山、洛杉矶等一线城市，主要从事出售型公寓、联排别墅和独栋别墅等住宅产品的开发和销售业务。

发展到2017年底，朗诗美国公司已跻身全美TOP50地产开发公司之列，美国业务的体量约占朗诗集团的四分之一。

回顾朗诗过往17年的战略演变，田明认为，以人为本价值观和绿色科技思路一直在左右着其对方向的选择。如果说战略可以靠田明及其高管团队在价值观的驱动下制定，那么战略的实施则需要涉及更多的资源和人员，后者包括客户、供应商以及其他合作伙伴。在这个关乎战略落地的更广泛的领域里，朗诗的价值观和绿色科技思路还能起怎样的引领作用？

6 朗诗履行战略性企业社会责任

（中）

为了将绿色战略落地，朗诗在其技术和产品、供应商、人员能力、营销、社区和客户等价值链上利益相关环节，都进行了围绕绿色的投入。

技术和产品

朗诗的技术研发，是从他们准备做绿色科技住宅时就开始了，此后，他们每年投入的研发经费都不低于1亿元人民币。

朗诗集团首席技术官（Chief Fechnical Officer，CTO）谢远建，是中国房地产行业第一个CTO。谢远建2004年3月加入朗诗后，朗诗就成立了以他为首的技术研发部，面向朗诗国际街区项目研发绿色科技住宅相关技术的应用。在加入朗诗前，谢远建在部队设计院做了十几年的建筑设计师。

在为第一个项目提供技术应用研发的过程中，朗诗研发部逐步扩大成了研发中心。这个中心除了负责对现有产品优化升级，还启动了面向未来需求的研发。

2008年朗诗以研发中心为基础成立了上海朗诗建筑科技有限公司，2010年，这个科技公司又成立了具有甲级设计资质的研发设计院。2013年，朗诗将这个科技公司分离出

社会责任：企业发展的助推剂

去，成立了朗绿。

朗诗对研发的投入还不止这些。2010年9月，朗诗在德国法兰克福成立了朗诗欧洲技术有限公司。2012年11月，朗诗与全球著名能源管理机构德国能源署合作，投资2.2亿元人民币在浙江长兴打造了面积为4万平方米的绿色建筑技术研发基地，用于绿色建筑整合设计、建筑节能和智能化、环境保护、可再生能源开发利用的研究，以及各种研究产品的测试及试验。2014年4月，朗诗的布鲁克项目在这个基地上竣工，成为中国首个获德国被动房研究所认证的大型被动房①，也是中国第一个按照绿色建筑三星标准、德国 DGNB (Deutsche Gesellschaft für Nachhaltiges Bauen，德国可持续建筑协会）和美国 LEED (Leadership in Energy and Environmental Design, 能源与环境设计先锋）认证标准实施的项目。

"房地产不是一个技术导向的行业。绿色建筑所涉及的技术几乎都是通用成熟技术，但如何通过对多种技术的组合应用成就宜居住宅，让住宅为人提供舒服的温度、湿度、空气和环境、如何通过应用技术实现对资源的高效利用，是我们这么多年致力研究的，我们的研究成果也构成了我们在这个行业的竞争壁垒。"谢远建说。

衡量朗诗技术能力的，不仅是公司已申请的145个绿色建筑技术专利，还有四代绿色住宅产品（见附录6-11），以及由此获得的32个三星绿色标识。朗诗对于产品的研发，不仅

---

① 被动式太阳能建筑就是通过建筑设计，使建筑在冬季充分利用太阳辐射热取暖，尽量减少通过维护结构及通风渗透而造成热损失；夏季尽量减少因太阳辐射及室内人员设备散热造成的热量，以不使用机械设备为前提，完全依靠加强建筑物的遮挡功能，通过建筑上的方法，达到室内环境舒适的目的的环保型建筑。

涉及屋内的环境指标,还延伸到房子所在社区的环境指标。在南京钟山绿郡楼盘,他们为了解决小区噪声问题,在小区一侧堆积了一座小土山。

朗诗的四代产品,不仅是其绿色建筑技术整合能力升级的体现,也是其以人为本并顺应环境变化的结果。第一代产品朗诗国际街区的第一期项目,是效仿欧洲"三恒"住宅的产品,通过被动式建筑技术和可再生能源技术实现建筑节能。从第二代产品开始,朗诗就意识到挥发性有机化合物(Volatile Organic Compounds,VOC)的危害并采取了相关措施。在第三代以被动房为基础的产品中,朗诗不仅彻底去除了VOC污染,还有效排除了2015年前后出现的雾霾污染。为了让业主实时了解屋内的环境,朗诗还在屋内装上了一个能显示各种环境数据的显示屏。

朗诗的前三代产品都是集中的大系统,一个小区共用一个置换新风系统、地缘热泵系统和天棚辐射系统。然而,集中系统无法满足用户的个性化需求,比如当室温调到24度时,有的业主觉得太热,需要开窗,有的又觉得太冷。因此,为了满足个性化需求,自2007年起朗诗就开始研究分户式系统,即为每一户住宅提供一套新风置换和能源供应系统,用户可以根据自己需要随意调整室内环境指标。这个研究成果于2017年在第四代产品中投入应用。

除了上述四代产品外,朗诗还应用全球最顶尖节能技术实验性建造了两栋"帕多瓦"建筑,位于南京钟山绿郡楼盘区域内。利用阳台上的玻璃百叶,"帕多瓦"建筑能变成冬日的阳光暖房和夏日的自然空调房,并且能提供24小时循环热水供应。这个建筑在当时比朗诗其他产品更节能,被朗诗称为

社会责任：企业发展的助推剂

"未来建筑成品"。

在这个建筑上，朗诗将其对未来人居的绿色梦想都呈现了出来。在朗诗看来，住宅小区邻里之间应该像早年家属院那样亲近走动。为了促进邻里交流，朗诗在建筑的二楼、四楼分别设置了小露台，电梯出来正对着的就是这里。同时，为了保护人的隐私，朗诗还将一般住宅门对门的设计改为门跟门错开的设计，避免了相互干扰。另外，为了增强家庭成员之间的交流互动，朗诗特意将房间面积缩小，将客厅面积扩大。

这两栋住宅是朗诗的探索之作，以此来探究人们当下对住宅的需求与朗诗对未来人居的设想还有多少距离。

行业和供应商

朗诗不仅自己坚持做绿色住宅产品，还在努力影响同行一起行动。2016年6月，朗诗与阿拉善SEE（Society，Entrepreneur，Ecology）生态协会、中城联盟、全联房地产商会、万科共同发起了"中国房地产行业绿色供应链行动"（以下简称"绿链行动"），号召房地产企业管理自身供应链，坚持绿色采购，绿化上下游产业链。朗诗在其中积极推动绿色采购标准落地。截至2017年底，响应"绿链行动"的房地产企业从最初48家增长到89家。这些企业2016年的销售额总和约占行业总额的17%。

2017年1月起，朗诗带动地产行业对上游供应商追溯检索环境影响。3月，行业内首份绿链"白名单"被发布，包括519家钢铁水泥企业、42家铝型材制造企业、12家木地板企业。与此同时，朗诗还牵头发起建立了"绿色供应链公开网站",实现"白名单"的公众监督机制。"白名单"中的企业,能享受到绿色联合采购的大单。2017年6月,朗诗牵头12家地产企业联合采购了4.4亿元的地板。

朗诗在致力净化行业供应链的同时,对自己的供应链也不放松。每年朗诗都向非营利组织公众环境研究中心提交其上游生产性合作伙伴清单,进行环境合规记录检索。对存在违规的企业,朗诗会向企业发函正式通知,要求企业整改。企业若不采取整改措施,朗诗将取消其下一次投标资格。

在房地产行业,从规模来看,朗诗还是一个中小企业,他们为什么能拥有如此强的话语权?"我们在绿色环保方面的探索在市场上获得了一定的成功,而且我们的赚钱效率比有些大企业还要高。这就让很多企业受到了启发,也是我们能一呼百应的原因。"田明说。

朗诗在绿色产品上的成功,对很多朗诗供应商构成了品牌背书,后者进行市场营销时,都会把朗诗这个大客户展现出来。

据2017年的数据显示,朗诗拥有327个供应商,其中有些供应商是因为朗诗而诞生并成长,比如为朗诗提供暖通设备、外遮阳设备、地源热泵设备的供应商,他们中的一些后来发展为上市公司。除了这些供应商之外,朗诗还凭借绿色理念吸引来了其他供应商,比如,在环保材料领域掌握全球前沿技术的德国企业巴斯夫就与朗诗一拍即合。它的新型保温隔热材料Neopor是借助朗诗在中国建造被动房而进入中国市场的。同样,具有20多年历史的中国防水行业龙头企业东方雨虹,也对朗诗的绿色价值观产生共鸣。朗诗需要满足芬兰S1标准(0甲醛含量)的防水涂料,东方雨虹就以比普通产品

社会责任：企业发展的助推剂

成本高出200％的代价为它研制这款产品。"虽然我们从交付朗诗的产品中没能回收成本，但我们希望通过绿色供应链实现规模效益。"东方雨虹有关负责人说。

朗诗在行业和供应商中的地位，都是凭借其过往的成功赢来的。然而，在通往未来的发展中，朗诗也面临着各种不确定性，一旦朗诗在绿色战略上遇到挫折，它还能拥有如此的影响力吗？

朗 诗 人

在房地产业，朗诗不仅运营模式"非主流"，其文化也"另类"。每到年会，不少房地产公司老板会带着大家玩牌、喝酒、唱歌、狂欢，但朗诗却聚集大家登山、跑步、踢足球……

运动文化是田明刻意打造的，他要以此鼓励员工拥有健康向上的进取精神和协作互助的团队意识，以及以人为本的利他格局。

田明的价值取向早在创业之初就散发出了吸引力。朗诗高管团队中至少有一半是在朗诗做第一个项目时，因为被吸引而从项目合作伙伴变成朗诗人的。喜欢做事的人、信奉绿色价值观的人都被吸引并留了下来。发展到2017年，朗诗拥有了2 400多名员工。

对于这个团队，朗诗相较同行最特别的举措，就是搭建了覆盖全员的长效培训培养体系（见附录6-12），涉及专业技术和管理内容。此外，朗诗还投入经费支持成立民间学习联盟，比如绿色建筑师俱乐部、暖通俱乐部等，让员工可以在这里进行常态化的技能切磋。

与同行类似,朗诗也对公司高层以及重要骨干人员实施了股权激励计划。此外,朗诗还于2015年出台了《项目跟投管理办法》和《项目超额收益管理办法》,以打造项目合伙人机制。按照这两个办法,针对朗诗股权投资项目,区域总、项目总、投资负责人及项目团队关键岗位员工按照一定比例强制跟投,捆绑项目经营效益与员工收益,同股同权。如果项目操作特别成功,还可以获得项目超额收益。针对非股权投资项目,朗诗从技术服务费、开发管理费、超额收益费的收益中提取一定比例作为专项奖励分配给项目投资和开发团队。

随着朗诗业务板块的扩大、商业模式的转型,人才的缺口越来越大,对人才能力的要求也越来越高,如何让员工快速、健康地成长以支持战略的发展,已是朗诗面临的紧迫问题。于是,2018年5月,朗诗任命谢远建担任集团首席人力资源官。朗诗希望这个"绿"到骨髓的老朗诗人,能凭借对产品和技术的谙熟背景,解决战略需求紧迫的人才资源问题。

营　　销

尽管朗诗的第一个项目不是绿色建筑,但是其人本价值观却在那个项目上就开始流露。比如,朗诗在卫生间里装上了报警按钮。在后来的产品推介会上,一位客户就说:"你们的报警按钮打动了我,老人在卫生间万一摔倒,这个按钮是能救命的。"

除了此类细节设计外,那个项目当时最吸引人的,莫过于建筑工地上的书架围墙。2001年,当其他建筑工地多用铁丝网或普通铁皮围挡时,朗诗却别出心裁地用书架画布做成工

社会责任：企业发展的助推剂

地围墙。那个书香气十足的墙竖起后立刻吸引了过往行人，随后又迎来了闻讯赶来的参观者，其中包含了媒体。于是，朗诗没有花一分钱，南京几家报纸就都争相报道了这个独特的围墙。

对于第一个项目，朗诗也先后打出了三个广告："对自然更好一点""对社会更好一点""对人更好一点"。

在上述所有动作共同发力下，朗诗第一个项目开盘6个月售罄，创造了当年南京的最快销售纪录。

朗诗对第一个项目的营销，不仅获得了销售成果，也引来了南京市政府的关注。

为了推广第一个项目，朗诗在南京鼓楼最显眼位置购得一个广告位，上述三个广告就是自2002年起陆续在上面投放的。然而，2003年初，"非典"疫情蔓延至南京。看到形势危急，田明当即决定撤下项目广告，换上了"众志成城，抗击非典"的广告。这是当时南京第一个针对"非典"的公益广告，又在那么一个显眼位置，很快就被南京市政府领导注意到了，由此，政府认识了朗诗。当南京要打造河西新城时，政府直接点名让朗诗参与。在此，朗诗打造了其首个绿色项目，并从此走上了绿色建筑发展道路。

对于朗诗国际街区这个南京人从来没有见过的高舒适度低能耗住宅的营销，朗诗一方面针对用户痛点整理出朗诗产品价值点，并将这些价值点通过多种营销渠道向消费者传递，另一方面就是打造样板房，让客户在里面住一晚上进行实境体验。

针对这个项目，朗诗打出的广告是"朗诗国际街区：颠覆传统，革命住宅""终结严寒酷暑黄梅天"。而朗诗销售人员则从客户的角度来阐述新产品的价值，比如一般住宅长时间不住人会产生一股霉味,桌上、地上都蒙一层灰,住户回家后第一件事就是打开窗通风,然后擦灰、拖地。但朗诗的房子因为有24小时置换新风系统,家里可以很密闭而不会产生霉味,也不会有灰尘。再比如,朗诗的房子屋内温度均匀,住户在卫生间洗完澡后出来不需要立刻裹很厚的浴巾。

如果说客户听到这些信息时还将信将疑,那么一晚上的入住体验就会让他们完全相信。于是,当客户走出朗诗的售楼处后,大多数都成了朗诗产品信息的"病毒"携带者和传播者。由此,朗诗实现了国际街区的"病毒式"营销。

朗诗国际街区是2005年开盘销售的,当时正赶上房地产市场宏观调控,同在河西区的万达首先开盘,定价每平方米5 100元,当天卖了17套住房,10天后万科开盘,定价5 200元,当天卖22套。同行们谁也没想到,在万科之后开盘的朗诗,居然以8 200元的定价在当天卖了79套。不仅如此,开盘之后的万达和万科在河西的楼盘都进行了不同程度的降价,而朗诗却因为供不应求而提升了价格,到项目结束时,朗诗与万达和万科的价格差分别达到了6 000元到7 000元。

自国际街区项目之后,体验式营销成了朗诗绿色住宅产品每进入一个新区域市场的主要营销方式。而朗诗楼盘的价格比较优势也成了普遍现象,比如他们的二代产品南京钟山绿郡就比一条马路之隔的保利楼盘价格高6 000元左右。朗诗的价格优势还体现在二手房上,比竞争对手高两倍多。

客 户

朗诗刚创立时,"不欺骗客户"就成为底线之一。而当朗

社会责任：企业发展的助推剂

诗采取合作开发模式后，"不欺骗客户"又成了朗诗操盘的两个刚性要求之一。因为一直坚守这样的信条，按照田明的说法，朗诗产品一直受到客户的喜爱，"我们的产品中，大概有30%是由老业主重复购买的，35%是由老业主带动身边人购买的。"

朗诗南京钟山绿郡楼盘两家业主的反馈，验证了田明的说法。"买朗诗房是我这辈子做过的最正确的决定。"朱姓退休教师说道，她是体验了亲戚在朗诗国际街区的房子后决定购买钟山绿郡住宅的。住进去几年觉得舒服后，她又卖掉了自己的老房子准备再买一套朗诗房以便跟孩子一家分开住。严教授夫妇是同一小区的另一家业主，这对舰船专家夫妇在80岁时卖掉了上海的房子住进这里。他们不仅对朗诗房室内的舒适度赞不绝口，也非常喜欢小区浓荫遮蔽的安静环境，"我们每天在小区里散步两次，这个小区的老人、小孩特别多，每天跟他们打招呼聊天很开心。"严老先生说。这对老夫妇每当不想做饭时，就给位于社区一端的朗诗养老服务机构打电话订购餐食，服务人员会按时送餐上门。

教师、教授和海归人员，是朗诗在开发国际街区时就锁定的目标客户。在中国市场，他们代表着中高端客户群。朗诗认为这类客户追求品质健康生活，能识别产品价值点并有能力为价值买单。因此，朗诗的四代产品，都是以这类客户为原点人群开发的。当然，随着朗诗刚需房、首置房的推出，朗诗的客户群也在逐步下沿。另外，当朗诗实施业务多元化时，养老、长租公寓等业务，又给它带来了其他种类的客户。客户基数的增大，可以为朗诗带来更多的商机，但是，客户维护的成本也随之增加。2016年12月，朗诗宣布免费升级已交付楼盘的除霾系统,就是他们一次不计成本的客户维护。

随着朗诗产品使用年限的增加,产品问题也不可避免地开始显露,比如有客户公开抱怨朗诗国际街区外墙漏雨。如果朗诗不能妥善解决这些问题并平息抱怨,那么,朗诗的品牌就会受到负面影响。当朗诗所覆盖的客户基数越来越大时,当这些抱怨不一定从哪个产品冒出时,朗诗该如何维护其以人为本的绿色品牌形象呢?

绿色在外界变成了朗诗的标签,在内部则变成了朗诗的基因,因此,维护绿色品牌成为朗诗必须要做的事。如果说创业以来,朗诗的绿色战略及其执行都是其价值观驱动的结果,那么,自 2016 年起,朗诗又增加了一个体系化的自我驱动力——企业社会责任战略。

什么是朗诗的企业社会责任战略,朗诗为什么要制定企业社会责任战略?它如何实现朗诗的自我驱动?

(下)

2016 年,在中国香港地区上市企业被要求要提供年度企业社会责任报告。至此,田明才意识到,朗诗这么多年基于利他价值观所做的绿色战略选择以及战略落地之举,其实就是在实现企业商业化运营的同时,履行企业社会责任的过程。

借助提供企业社会责任报告的契机,朗诗启动了构建企业社会责任战略的工作。这个工作不只是停留在文字的提炼上,而是在于从企业各个战略视角检视朗诗对其核心价值的遵从并推动核心能力的提升上。在这个过程中,朗诗企业社会责任战略逐步与其绿色业务战略相融并推动其绿色业务战略的执行。

企业社会责任战略的成型

朗诗企业社会责任报告的撰写,在内部是一个牵一发而动全身的过程,需要组织协调企业所有方面。为了实现这个协调,朗诗成立了包括整个高管团队成员在内的可持续发展委员会,田明担任主席。

自2016年起,朗诗每年要制定当年的企业社会责任战略主题。每年的企业社会责任战略主题,都会呼应和支持当年的绿色业务战略。2016年是朗诗小股操盘战略实施的第二年,当年的业务策略是寻找和加强合作,因此,当年企业社会责任主题为"价值共创"。2017年是朗诗相关多元化实施的关键年份,业务遍及地产、养老、长租、装饰、资本运营等,因此,当年的企业社会责任主题被定为"绿色引领"。

企业社会责任主题确立后,各位高管就要依据这个主题方向制定所辖业务当年的企业社会责任工作计划,这个计划与业务工作计划并行,并沿业务条块逐层分解成具体业务模块的计划。

企业社会责任计划的主题方向是自上而下受集团企业社会责任战略主题指导,但企业社会责任计划所涉及的具体工作内容指标,则来源于具体工作,按照自下而上的流程制定:

由具体工作人员先提出指标,再由主管领导一层层筛选,把跟当年业务相关并且能实现的指标挑出来,再返回基层由具体工作人员制定实施细则,然后提交上级审批确认,之后再交给战略部。战略部汇总了来自全企业的企业社会责任指标后,还要根据当年以及今后几年的业务战略,从集团整体角度进行筛选匹配最终确立指标。

在开始要求制定企业社会责任指标时,业务部门大多数人是比较茫然的。因此,朗诗战略部为具体业务部门聘请了外部培训机构进行企业社会责任培训,比如针对采购的阳光、透明,有哪些类型的衡量指标。有了这些框架性指标后,业务部门就能根据实际情况进行细化。于是,就有了一个个具体可执行、可追溯的企业社会责任指标。比如一个节省材料的指标会细化到在多长时间节省多少、在内部怎么节省、在供应商处怎么节省、在工地上怎么节省等。对所有指标的执行,战略部会在年中进行检视,在年底进行总结。

2018年,朗诗尝试用一套软件系统来追踪企业社会责任战略规划、执行、评估和优化。通过业务运营在企业社会责任方面的实际结果,对企业社会责任进行动态管理。例如,本该节约的材料或者能源用量超标了,再申请采购时,流程审批就会有针对性地设置"障碍"对这样行为进行主动干预。

企业社会责任对业务逻辑的优化

从朗诗企业社会责任指标的提炼过程可以看出,企业社会责任指标就是用来促进业务逻辑优化的。比如,朗诗的企

社会责任：企业发展的助推剂

业社会责任指标敦促业务部门建立与供应商的长效沟通机制、对供应商的行为进行评价打分，对供应商进行企业社会责任维度的培训，从而让业务部门建立起阳光、绿色的采购"白名单"，实现了对供应商的高效管理。再比如，针对施工工地上的材料节省指标、垃圾堆放和填埋指标等，都是在促进成本降低并提升施工效率。当然，不是所有的指标都能在短期内起到降成本的作用，比如，针对物业公司的垃圾分类、垃圾回收等指标，是在增加物业公司的当期成本，但符合朗诗绿色发展价值观并能提升朗诗物业品牌的竞争力。

企业社会责任公益

朗诗对企业社会责任的履行，不仅渗透于战略制定和执行，还通过公益行动来落实。

2007年，朗诗发起成立了"朗思基金"，一个由朗诗集团、员工、股东、客户和供应商自发形成的纯民间、纯公益的开放性组织，主要做西部地区扶贫助学项目。截至2013年底，"朗思基金"共筹集并资助善款超过3 000万元，在四川广元、青海玉树地震灾区援建两所希望小学，帮助2 000多名灾区学生重新上学。同时，通过一对一帮扶资助500多名贫困学生完成学业；通过组织乡村教师培训、希望小学学生夏令营等活动提高当地学校教学水平。

2014年6月，朗诗集团和田明又共同出资发起设立了"南京朗诗公益基金会"，专注于教育和环保领域。2017年该基金会在中国10个城市开展了"绿色蓓蕾"计划，向包括农民工子弟幼儿园、残障人士幼儿园在内的10个幼儿园提供除霾服务,免费安装新风系统。此外,还针对老人展开了一系列公益项目(见附录6-13)。

2017年,朗诗还作为战略合作方推动了中国ESG景气指数(China ESG Development Index,ESGDI)[①]的研究。田明认为,ESG的责任投资[②]理念与朗诗绿色发展理念不谋而合,因此朗诗希望通过推动ESGDI研究,参与到改善经济、环境和社会的努力中。

从朗诗企业社会责任战略构建及企业社会责任公益行动的方向看出,朗诗正在履行的,是与其发展战略相辅相成的企业社会责任,即战略性企业社会责任。在接下来的泛房地产市场上,这种发展理念能让朗诗在竞争中占据优势吗?朗诗模式能从"非主流"变成主流吗?

---

① 这是全球首个基于大数据的宏观ESG景气指数。传统ESG指数主要衡量单一上市公司在环境、社会及管理方面的绩效,而ESGDI不再只关注单一公司。ESGDI通过指数模型构建,运用大数据搜集方法和数据挖掘技术,从海量的政府、企业、市场行为中找出准确反映ESG发展趋势的指标,客观反映一定区域内ESG(环境、社会和公司治理)的宏观景气状态。

② ESG责任投资是指在投资过程中在财务回报的考量之外,将环境、社会和公司治理等因素纳入投资的评估决策中。

社会责任：企业发展的助推剂

附录6-1 朗诗业绩数据

业绩 （单位：亿元）	2017	2016	2015	2014	2013
朗诗：					
总资产	203.2	180.0	141.4	89.8	28.8
总负债	166.2	149.5	121.8	76.1	18.4
收入	62.1	48.5	17.9	7.0	0.3
净利润	7.2	6.1	4.8	3.0	0.2
净资产收益率（ROE）	21.3%	24.2%	28.7%	24.8%	5.3%

资料来源：朗诗集团公司官网。

附录 6-2 2018 中国房地产企业 500 强中的前 10 强

2018 中国房地产企业 500 强中的前 10 强	营业收入（亿元人民币）	净利润（亿元人民币）	净资产收益率（ROE）
恒大集团	3 110	370.5	30.65%
碧桂园控股有限公司	2 269	246.9	31.82%
万科企业股份有限公司	2 429	280	22.80%
保利房地产（集团）股份有限公司	1 450	156.8	15.93%
融创中国控股有限公司	658.7	116.6	32.81%
绿地控股集团有限公司	2 901	90	15.22%
中国海外发展有限公司	1 344	330	16.71%
龙湖地产有限公司	720.8	126	19.04%
华夏幸福基业股份有限公司	596.3	87.8	28.12%
广州富力地产股份有限公司	592.8	214.2	40.24%

资料来源：Wind 数据库。
注：表中业绩为 2017 年数据。

社会责任：企业发展的助推剂

附录 6-3 中国 GDP 增速

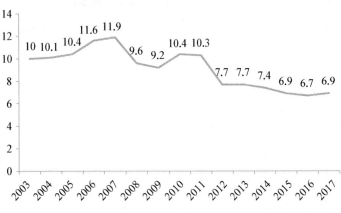

资料来源：根据国家统计局数据整理。

附录6-4 中国城镇居民可支配收入

资料来源：根据国家统计局数据整理。

附录6-5　2005—2017年房地产新开工面积、销售面积年度增幅

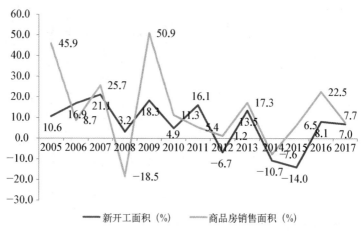

资料来源：Wind数据库。

附录6-6 2005—2017年房地产土地购置均价、地价占房价比重年度增幅

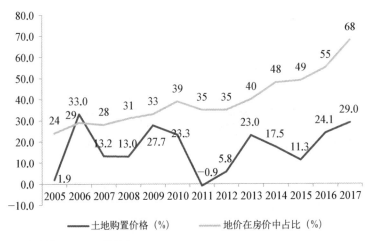

资料来源：Wind数据库。

附录6-7 2005—2017年商品房成交均价年度增幅

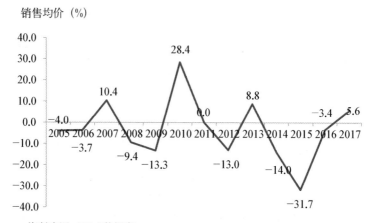

资料来源：Wind数据库。

附录 6-8 中国房地产的主要调控政策

时间	主要政策	调控目的	效果
1998—2002 年	1998 年房改，住房分配货币化 1999 年推出商品房信贷、公积金管理等 2002 年土地招拍挂	刺激住房需求消费，使房地产业成为国民经济中重要产业	房地产业市场化发展
2003—2004 年	2003 年 8 月 国务院《关于促进房地产市场健康发展的通知》 2004 年 4 月 提高固定资产投资项目资本金比例	确立房地产为支柱产业，抑制房价过快上涨	房地产价格上涨势头并未控制住，反而加快了上升速度
2005—2008 年 8 月	2005 年 3 月 国务院《关于切实稳定住房价格的通知》 2005 年 6 月 国务院《加强房地产市场引导和调控的八条措施》 2006 年 5 月 建设部等九部委《关于调整住房供应结构稳定住房价格的意见》 2007 年 9 月 购买第二套房首付比例不得低于 40%	稳定房价	房价在经过短暂停顿后报复性上涨，成交量也跟着上涨
2008 年 9 月—2009 年	2008 年 10 月 央行系列新政支持房地产 2008 年 12 月 《关于促进房地产市场健康发展的若干意见》	2008 年美国次贷危机导致中国房价和成交量双双下降，于是政府由"控制房市"转为"拯救房市"	房价先下降后空前上升

(续表)

时 间	主 要 政 策	调控目的	效 果
2010—2013年	2010年4月 《国务院关于坚决遏制部分城市房价过快上涨的通知》 2010年9月 出台限购政策 2011年1月 二套房首付提至60%,利率是基准利率的1.1倍 2013年 加强保障房建设	遏制房价上涨	房价过快上涨的势头得到抑制,但压力还在
2014—2016年上半年	2014年5月 央行出台了"央五条"要求银行优先满足首次购房贷款需求 2016年2月 央行《关于调整个人住房贷款政策有关通知》将首付款比例下调至25%,甚至允许再下调5%	刺激房地产,去库存,建立房地产调控长效机制	房价先下降后空前上升
2016年9月—2017年	2016年9月3日 北京出台楼市"930"政策,核心内容是提升首付比例、控地价、限房价 2017年1月 对新建商品房实施最高限价 2017年3月 北京推出"317"新政,进一步提高首付比例、限贷、限购 2017年5月 政府发布《住户租赁和销售管理条例(征求意见稿)》,建立购租并举住房制度	抑制一二线城市房价快速上涨,打击炒房	50个代表城市商品房成交量同比下降24.2%,一线城市下降最为明显

6　朗诗履行战略性企业社会责任

(续表)

时间	主 要 政 策	调控目的	效　果
2016年9月—2017年	2017年10月 "十九大"明确"房子是用来住的,不是用来炒的"定位 2017年12月 北京、上海等50个城市出台住房租赁扶持政策	抑制一二线城市房价快速上涨,打击炒房	50个代表城市商品房成交量同比下降24.2%,一线城市下降最为明显

资料来源:泽平宏观,《读懂房地产的二十年》(2017年12月26日),搜狐,http://www.sohu.com/a/212956024_276934,最后浏览日期:2018年8月16日。

社会责任:企业发展的助推剂

附录6-9 当代置业主要财务数据

当代置业	2017年	2016年	2015年	2014年	2013年
收入(亿元)	85.06	84.58	63.50	40.80	34.69
毛利率(%)	21.05	19.46	30.93	40.58	39.49
净资产收益率(%)	14.37	15.79	17.44	19.54	26.62
资产负债率(%)	84.47	83.4	75.99	78.69	77.64
流动资产/总资产(%)	80.19	80.36	63.87	71.75	71.71
流动比率(%)	1.29	1.46	1.23	1.25	1.19
速动比率(%)	0.49	0.65	0.62	0.65	0.5
销售净利率(%)	9.7	8.43	9.46	13.23	15.22
资产周转率(%)	0.23	0.38	0.41	0.31	0.36

资料来源:Wind数据库。

6 朗诗履行战略性企业社会责任

附录6-10 朗诗养老业务南京模板

资料来源：朗诗集团。

社会责任：企业发展的助推剂

附录6-11 朗诗的四代产品

产品代际	1.0产品	2.0产品	3.0产品	4.0产品
价值点	舒适 节能	舒适 健康 节能	健康 舒适 人性	健康 舒适 智能 节能
图示	朗诗国际街区（南京）	朗诗钟山绿郡（南京）	朗诗熙华府（南京）	朗诗乐府（杭州）
推出时期	2004—2011年	2011年起	2015年起	2017年底起
技术集成	地源热泵加天棚辐射主动节能技术，全置换新风系统，温度20—26℃，湿度30%—70%，建筑节能率达到65%以上	户内分室温度可微调，关注室内VOC等健康环境，"由内而外"创造"以人为本"的小区环境	以被动式建筑为基础，更为先进合理高效的节能体系，尤其体现在气密性高指标上；95%除霾效率，芬兰国际S1级甲醛控制标准，TVOC控制；朗诗屏实现实时指标可视化	在被动式建筑基础上采用可独立控制的户式化系统，实现更人性、更自由、更智能的产品理念和健康、舒适、智能、节能、环保的客户价值

资料来源：朗诗集团。

6 朗诗履行战略性企业社会责任

附录 6-12　朗诗员工培训体系

管理序列	领导力发展	核心人才发展干部教导团		专业提升		专业序列
高管	领军计划	虎贲营 (项目总)	龙骧营 (轻资产)	建筑 暖通 投资拓展	成本管理 人力资源 ……	各级 专业人才
总助级以上	亮剑计划					
中层管理	砺剑计划		陶朱营 (营销经理)	总部专业俱乐部+各公司 专业能力提升		
储备经理	铸剑计划					
	源动力					
	师者堂(内训师培训)	导师培训				
	新员工培训					
	专项培训(朗诗文化、战略、产品宣贯)					

资料来源：朗诗集团。

注：虎贲营是针对项目总进行的培训，在专业能力、管理技能提升两方面邀请业内专家开展 5 次集中培训，合计 80 课时，开阔视野、弥补能力短板。龙骧营培养轻资产战略人才，围绕新业务知识和能力要求开展 5 次集中活动，持续整合各专业资源，组建项目团队负责轻资产项目运作的实战，以战代练，在实战中积累经验提升能力。陶朱营面向项目营销经理，围绕大数据时代的营销创新与变革、品牌定位、体验式营销等主题，开展 3 次集中培训，通过理论授课、内部研讨和推演，加强营销内功修炼。

社会责任：企业发展的助推剂

附录6-13　朗诗针对老人的公益项目

项目名称	项目内容
夕阳红，朝阳升——独居老人关爱项目 （2017年5月1日—2018年4月30日）	1. 建立独居老人基本资料手册，有针对性的突出独居老人支持重点 2. 实行健康跟踪与安全守护，提高独居老人的居家安全保障 3. 组织独居老人形成自助互助会，定期开展团体活动，丰富日常生活，满足精神需求 2017年度开展活动22场，实际受益人数200人
您老了，有我在——凤凰花园社区微公益项目 （2017年6月1日—2018年5月30日）	1. 精神慰藉：上门走访、建立健康档案、各类主题活动 2. 助医类：免费测血压、血糖、医疗咨询 3. 中西医康复：艾灸、推拿、拔火罐及各种西医康复训练 4. 生活护理：安全排查、药物管理、助浴、修脚等 5. 老年大学：微信课、手工课、音乐课 6. 健康宣教：中医养生座谈会、营养配餐座谈会、健康手册等 2017年度共计服务近5 000人次
让晚霞更美好——老年精神关爱支持服务 （2017年10月1日—2018年10月30日）	1. 面向中、高龄人群通过建立老年文艺团队、开设老年大学课程、激励引导低龄老人帮助高龄老人共建互助式邻里小组，让老年人感受到政府及社会的关注，丰富其精神文化生活 2. 以"孝贤文化"为主题编写故事分享手册、招募低龄老人作为文化传播使者，每季度向社区长者发放传统文化美文，形成尊老、敬老的"孝贤文化"氛围

(续表)

项目名称	项目内容
建邺、鼓楼区适老化改造 （2017年7月8日— 2018年6月30日）	安装扶手、报警器、坡道改造、居家安全指导 2017年度共计服务400余户
玄武区90岁以上高龄老人生活料理服务 （2017年10月25日— 2020年10月24日）	1. 生活保障服务：买菜做饭、上街购物、陪同看病 2. 精神陪护服务：交谈陪聊、读书读报、心理疏导、精神慰藉 3. 安全保障：防暑、防寒、水电气检查 4. 特殊求助服务：紧急援助、联系亲友

资料来源：朗诗集团。

点评

CSR战略与公司业绩
增长应相辅相成

肖 燕[*]

朗诗在企业成立之初即对自己的价值观有非常明确的定位,同时对其要承担的企业社会责任及对利益相关方的影响也有非常清晰的认知,在此基础上形成了公司差异化战略方向。公司发展到今天,尽管在房地产行业内朗诗不是成立最早也不是规模最大的房地产企业,但是其依然能够坚持自己的品牌特色。

朗诗的案例在企业社会责任实践方面最突出的是其对客户、供应商和政府的影响。在对客户方面,公司在开发业务上坚持以人为本的价值观,建造绿色环保节能住宅,有利于提高客户的价值认同进而增强客户黏性提高忠诚度;在经营业务上无论是针对租房群体的长租公寓还是针对老人群体的养老业务也均是紧密围绕以人为本的价值观探索商业模式。在对供应商方面,公司提倡阳光绿色可以在最大程度上降低彼此合作的沟通成本,而且在这样的价值观驱动下,公司与地方公安系统密切合作,坚决对损害公司及供应商利益的员工予以严肃处理,对公司和供应商均有积极的影响。在对政府方面,无论是开发业务上绿色环保科技住宅的打造,还是经营业务上养老的发展都是紧紧围绕政府的社会公益事业开展,尤其

---

[*] 秦豪资产经营公司江西恒泰园区管理集团有限公司总经理。

6 朗诗履行战略性企业社会责任

是养老业务更是帮助政府在一定程度上解决了单凭其自身力量无法满足的社会民生问题,因而得到了很多政府物业的合作支持。

基于企业社会责任的战略方向选择,不仅要考虑利益相关方的影响,也要考虑公司业务长远可持续发展的现实问题。从朗诗的案例来看,在房地产开发方面公司坚持绿色地产的理念,在房地产经营方面公司大力发展长租公寓和养老业务来满足年轻租房群体和老年群体的生活需求,均体现了其勇于担当企业社会责任的气魄。

但是从房地产行业的角度来看,朗诗这些年的公司业绩增长也留下不少遗憾。这表明在追求企业社会责任的同时我们还要实现公司业绩的良性正向循环,二者应该是相辅相成协调发展,而不能顾此失彼。

朗诗在开发业务上过于提倡杠杆和轻资产,选择方向与行业发展大相径庭,导致公司错过 2015—2017 年的一波行业周期高点,公司的销售规模进一步与行业第一集团拉开差距,近年来在土地投资方面也斩获平平。同时,朗诗也不再是行业内唯一倡导绿色地产理念的社会责任践行者,央企金茂以及来自北京几乎与朗诗同时提出绿色战略的当代置业在该领域也均有较大的影响力,而且二者的销售规模均高于朗诗,绿色战略并没有为公司带来预期中的竞争力及商业上的成功。

对地产公司而言,在行业内还是要保持一定量级的规模才能获取更有利的综合资源支持,而朗诗基于绿色科技的差异化战略放弃规模强调小股操盘、绿色代建也让一些曾经希望与公司共同成长发展的员工颇有微词。另外在新业务方面,公司在 2019 年的业绩发布会上明确提出要把长租公寓业

社会责任：企业发展的助推剂

务从上市公司进行剥离，尽管给出的理由是希望降低投资者对上市公司业绩理解的沟通成本，但是其长租公寓业务发展2年多来产生1.9亿的亏损也是个不争的事实。

　　长租公寓如何实现赢利一直是整个行业内无论是开发商玩家还是非开发商玩家普遍面临的一个难点，虽然该业务解决了年轻租房群体以往面对个人房东时的很多痛点，承载着良好的企业社会责任，但上述结果表明朗诗在选择进入这一新业务领域时对于目标战略的考虑似乎还欠成熟。而2018年公司又开始大力发展的养老业务目前国内也没有特别明确的行业赢利模式，与长租公寓一样都是较难赢利的业务，是否会步公司长租公寓业务的后尘也很难讲。

　　总的来说，朗诗是家出色的企业社会责任践行者，但其行业规模地位相应还不够匹配，衷心希望在房地产市场发展越来越成熟的背景下，朗诗能够坚持这份初心，而这份初心也能够更大更好地回馈到公司主营业务的发展上来。

7 天然工坊：创业中的企业社会责任作用*

投资人："你这种商业模式有多大生命力？你们究竟能走多远？"

回答："很难说。不过，我认为从企业当前的商业模式并不能判断企业未来的生命力。一个企业只要拥有正确的价值观和做事底线，基于价值观不断前行，就会拥有不断的生命力。"

……

这是发生在湖南天然工坊电子商务有限公司（以下简称天然工坊）会议室的一段对话。

2019年1月的一个下午，望着投资人满脸狐疑地离去，对话的另一个主角、天然工坊创始人、CEO苏路江又一次体验到了不被理解的孤独。

对于创立天然工坊3年多的业绩，苏路江自己颇为满意：天然工坊微信公众号和APP获得累计关注用户2 700多万、购买用户近600万（见附录7-1）。2018年，天然工坊营收超

---

* 本案例由中欧国际工商学院教授芮萌、案例研究员朱琼共同撰写。在写作过程中得到了湖南天然工坊电子商务有限公司的支持，该案例目的是用作课堂讨论的题材而非说明案例所述公司管理是否有效。

社会责任：企业发展的助推剂

过 6 亿元，同比增长 11%（见附录 7-2）。

但这样的业绩在风投圈里却很难被认可。在投资人眼中，天然工坊和拼多多、云集微店等同属社交电商。拼多多创业 3 年市值直逼电商大腕京东，2017 年上市，2018 年第三季度的营收为 33.72 亿元，同比增长 697%；[①] 而云集微店上线后也呈爆发式增长，年销量增速超过 500%，2018 年获得 1.2 亿美元 B 轮融资，估值超过 20 亿美元。[②]

然而，市场的亢奋几乎没有影响到苏路江创业的信念和节奏。送走投资人后，他走向另一间会议室，公司其他几位高管已在等他。他们要商讨天然工坊正在面临的问题：如何更好地获取新用户并留住老用户。

"这是一个需要慎重考虑的问题"，苏路江进门就说，"如果只从商业角度考虑，我们只需要集中火力投入 C 端，用品牌广告和优惠措施刺激消费就可以了。可是，那些为天然工坊拓展新用户立下汗马功劳的分销用户会怎么看这种举措？他们能接受这种利益分配方式吗？什么样的资源投入方案能兼顾到他们的利益？"

这一连串问题启动了会议室的讨论。

定调创业价值观

在天然工坊制定商业决策，苏路江和他的团队不仅要依

[①] 拼多多第三季度财报（2018 年 11 月 20 日），http://investor.pinduoduo.com/static-files/2d5c9c04-1ef8-46ba-9304-8b3b1ee85491，最后浏览日期：2019 年 3 月 1 日。

[②] 李成东：《云集，三年时间杀入电商第一梯队，凭什么？》（2018 年 4 月 25 日），搜狐，https://www.sohu.com/a/229353420_482004，最后浏览日期：2019 年 3 月 1 日。

7 天然工坊：创业中的企业社会责任作用

据商业元素，还要遵循其创业之初就确立的价值观信念。

天然工坊的创始团队是由苏路江和他的七个伙伴组建。创业之前，苏路江已经是小有成就的服装设计师。不过，随着离名利越来越近，他却感到前所未有的焦虑和纠结。在他的朋友、天然工坊创始团队成员之一刘国栋的推荐下，他看了一套介绍传统文化的光碟。由此，他悟出了"德为先、钱在后，修德比赚钱更重要"的道理，而他的价值观也因此而转变。

2013年，苏路江召集志同道合者启动创业并达成共识：不赚快钱。因为他们都意识到，只要往赚快钱的方向走，就有可能止不住贪欲，就可能会回到创业之前的轨道。他们希望做一个有高尚道德支撑的、履行社会责任的、资源节约、环境友好型可持续发展的企业。于是，他们约定了四条价值观底线：坚守诚信、做好产品、百分之百纳税、不负债经营。

创业初期的资金主要是由苏路江筹措，而他却将公司股份在八个创始人间平分。不过，这样的股比在两年后又被重构。2015年9月，苏路江遇到了天使投资人，卓航教育创始人BOB。后者要求创始团队股份要体现梯度，于是，八个创始人经过半小时商量后，将股份划分成三个梯度，苏路江占比最多，另外两个成员占比次之。

引入天使投资后，2015年10月公司正式更名为天然工坊，并经营自主品牌竹妃本色纸，采用社交电商模式。此前，苏路江他们也是在做社交电商，最先代理了很多其他产品，不成功后转向代理高频刚需并环保的本色纸巾，当时这款纸巾在市场的接受度也很高。然而，因为他们代理的产品在微信朋友圈里卖得太好，侵蚀了品牌商线下渠道的利益并招致线下渠道的抗议,于是,遭到了品牌商的断货。就在他们又一次面临失败时,他们获得了天使投资。

中国社交电商

所谓的社交电商,是一种建立在用户消费、用户分享和推荐基础上的,通过社交渠道获取流量的电商模式。这是一种发端于微信的中国特色模式,始于2013年,发展到2018年市场规模估算为11 398亿元,历年增速超过50%(见附录7-3)。预计2020年中国社交电商市场规模将达3万亿元,占网络零售交易规模的31.3%。①

拼团和分销是社交电商的两类主要形态。前者是由用户在平台上发起拼团,拼成功后由产品厂家或供应商发货,不成功则退款。拼多多是拼团模式的典型代表。在拼多多的刺激下,各种拼团模式陆续冒出,其中不乏传统电商巨头的影子,2018年支付宝上线了每日必抢拼团,京东上线了京东拼购。

分销是通过用户分享带来用户购买后,由平台统一提供发货、仓储、售后服务,即所谓的S2B2C:一个供货商平台(Supplier)服务于众多小B(Business)商家,再由小B发展C端用户消费。分销主要分为两级分销和多级分销。

随着各类社交电商的发展,社交电商从业人员(比如小B)数量也从2017年的2 019万人发展到2018年的大约3 032万人,同比增长50.2%。在这个从业大军中,女性占比

---

① 李晨赫:《中国社交电商2018年市场规模将破万亿》(2018年7月17日),人民网,http://capital.people.com.cn/n1/2018/0723/c405954-30163165.html,最后浏览日期:2019年7月10日。

7 天然工坊：创业中的企业社会责任作用

达80.24%,[1]

与此同时，社交电商的获客成本也在增加，2017年以前几乎没有获客成本，但2018年下半年，获客成本达到30—50元。[2]

2019年1月1日，中国正式实施《中华人民共和国电子商务法》，规定电子商务经营者应当依法履行纳税业务。[3] 此举将把行业从业者从法律盲区带到阳光底下。

天然工坊商业模式

在启动天然工坊之前，苏路江团队已经历过一次"痛并快乐"的本色纸社交电商实践。此次实践验证了两点：第一，他们的选品思路是对的，消费者对健康环保的本色纸品是欢迎的；第二，他们的产品营销模式在当时也是成功的。这两点成为他们创立天然工坊的基础。

选择健康环保的产品

苏路江团队创业时，就选择经营健康环保产品。这样的产品在中国这样一个拥有巨大中产红利的市场存在日益增长

---

[1] 创奇天下：《2018中国社交电商行业发展报告》(2018年7月24日)，搜狐，https://www.sohu.com/a/243028808_227320，最后浏览日期：2019年7月10日。

[2] 谭文琦：《拼团模式恐再无巨头：拼多多杀死社交电商，云集微店涉传销被罚千万》(2018年10月2日)，SEO研究协会网，https://www.seoxiehui.cn/article-67219-1.html，最后浏览日期：2019年7月10日。

[3] 北京青年报：《〈中华人民共和国电子商务法〉将自2019年1月1日起施行》(2018年10月8日)，达阵财经，http://www.rfuchina.com/china/201810/089410.html，最后浏览日期：2019年7月10日。

社会责任：企业发展的助推剂

的可持续商机。中国的中产阶级已经从 2000 年的 500 万人增长到 2018 年的 2.25 亿人，预计 2020 年要达 2.75 亿人。[①] 这是一群追求品质生活和环境的人，他们愿意为健康、品质甚至是环保的产品和服务付费。

在选定本色纸巾之前，苏路江一直在寻觅高频刚需的健康环保产品。他对本色纸巾的关注是受其太太的启发。一次他们在酒店用早餐，他太太看到酒店提供的都是白色纸巾时感到非常不安，"给孩子用本色纸更健康环保。"太太的这句话引起了苏路江的注意，而他随后的调研则显示了这是一个巨大的市场：2015 年中国生活用纸的市场规模为千亿元，但本色纸所占市场份额不足 1%。

本色纸是由 100% 本色原生纤维浆制造的、没有漂白工艺的纸。传统白色纸巾是漂白后的产物。有观点认为漂白纸巾既污染环境又伤身体，而本色纸则是环保健康的产品。[②] 于是，苏路江决定经营本色纸。他选择代理销售本色纸产品，在被断货并获得天使投资后，他决定做自有品牌竹纤维本色纸。

"我们要做一款能为用户带去长期价值的天然好产品。而竹纤维纸巾就具有这样的功能。这是一个天然健康环保的产品：首先它是本色纸，没有漂白纸所潜在的非健康元素；其次，竹子材料天然抑菌；最后，竹纤维纸不易掉粉尘不易掉

[①] 朱昂：《中国是消费升级还是降级，我们用数据说话》(2018 年 7 月 11 日)，搜狐，https://www.sohu.com/a/240561887_114819，最后浏览日期：2019 年 3 月 1 日。

[②] 开能华宇水处理：《漂白纸巾既污染环境又伤身，你还在继续用吗？》(2017 年 10 月 23 日)，搜狐，http://www.sohu.com/a/199640757_545578，最后浏览日期：2019 年 3 月 1 日。

渣。"苏路江解释了选择竹纤维本色纸的原因,"除了健康之外,竹纤维纸还具有环保属性,竹子两到三年就成材,相对于八到十年才能成材的树木而言,砍伐竹子不会破坏环境资源。因此,用竹子代替树木造纸具有很高的环保价值。而这样的环保价值,可以成为消费者选择我们的附加理由。"

凭借这个环保价值,天然工坊在跟用户沟通中启用了这样的说法:"使用六箱竹妃纸可以拯救一棵树。"

定价及 F2C 模式的建立

在社交电商模式下,竹妃该如何定价?当时大部分社交电商都采用一个尽可能高的产品定价(比成本价高出数倍),并设计高返利机制,以对分销渠道形成强烈的利益刺激,达到让用户快速裂变、市场快速增长的目的。受此影响,天然工坊内部当时也有建议要将价格定高,像同行一样尽快做出规模。但以苏路江为首的另一种声音则坚持将价格定得尽可能低,以打造产品的极致性价比。他这样说服同事:"我们是要卖产品而不是要拉人头。高价格的产品可以通过分销取得短暂的规模,但产品长期是没有竞争力的,而且高价格高返利还会吸引来那些想快速暴富的人,这些人会破坏正常的商业环境。反过来,高性价比的好产品,会产生高复购率,由此会形成可持续发展的竞争壁垒。"

苏路江说服同事后,竹妃的价格被定在高于成本的 40%,即一箱纸巾定价 99 元,复购价格 8 折优惠。以竹妃抽纸为例,复购时一包纸巾的价格为 3.96 元,苏路江认为这是有竞争力的价格,因为超市同类产品的价格均在 5—6 元。竹妃采用 F2C(Factory to Customer)的模式,线上下单,直接从

社会责任：企业发展的助推剂

工厂发货，节省了中间环节，降低了成本，这个价格随后成就了竹妃纸巾每天订单高达70%以上的复购率，同类产品复购率一般在30%左右。

没有高价、高返利机制，天然工坊拿什么刺激社交渠道分享推广其产品呢？"好产品本身就具有传播性。"苏路江说，他的底气来自竹妃试用时的用户反馈。产品投放试用后，很快产生了大量的用户问询：还能买这款产品吗？在哪里还能买？

除了借助产品推动力外，天然工坊最初也将产品价格32%的利益投入到渠道推广中，奖励用户的分享服务，通过符合市场规则的提成，鼓励B端把实用的好产品推荐给C端，C端自己使用后，觉得好再分享给D。这就是最初的三级分销方式。但随着微信端和市场上的分销模式鱼龙混杂，个别商家为谋取高利润，并没有严格进行品控，而是把重点放在拉人头上，扰乱了正常的商业秩序。

针对这种现象，微信用一刀切的方式出台了3级分销禁令。于是，2016年9月，天然工坊将三级分销改成了一级＋级差的分销模式，即A推荐B，B首次购买，A提成10%，B复购，A提成2%，A如果累计直推达到10人或者以上，还能享受渠道奖励。

不少社交电商采取让小B囤货的方式来进行卖货，此举导致大量商品囤积在B端用户手里，没有真正流通到消费者的手中。为避免这些弊端，天然工坊坚持不让用户囤货。用户购买产品成为会员后，再次购买就享受全场产品八折优惠，而且拥有了一个推荐二维码，可以把好产品推荐给其他人，被推荐者购买产品后，由天然工坊直接从工厂发货。

7 天然工坊：创业中的企业社会责任作用

呵护小B社群

天然工坊沉淀了10万小B用户（见附录7-4），他们既是使用者也是推广者，这些人年龄在30—45岁之间，女性占73.2%。

对于小B社群，天然工坊不仅及时向他们通报公司信息，还为他们引入营销管理和领导力方面的培训，同时还组织学习《弟子规》等传统文化思想。《弟子规》也是天然工坊每一位员工的必修课之一。苏路江认为，通过这些学习，让小B用户与天然工坊在价值观上达成一致，就能让大家成为事业和命运的共同体。

30多岁的郭女士是天然工坊的一位资深小B，同时也是一家创业企业的老总。她因为认可天然工坊推健康环保好产品的价值观，而热衷于推荐天然工坊的产品。她是一位过敏鼻炎患者，之前很怕用纸巾擦鼻子，因为那会引发她打更多的喷嚏，但使用不易掉屑的竹妃纸巾后打喷嚏现象消失了。从此，她成了竹妃产品的忠实用户和推广者，"这不仅是一款健康的产品，还是一款环保产品。用了这种产品还能支持环保，何乐而不为？"郭女士对朋友如是推荐。

而另一位小B，云南的龚女士则是全职投入竹妃产品推广中，因为她认为推广竹妃是一份更加有价值的工作，可以让更多的人用上健康产品，并因此而保护了环境。

小B对天然工坊的信任，不仅是因为被价值观同化，还在于能感受到天然工坊的诚意。曾经一位退休大姐小B希望从天然工坊开具收入证明去贷款买房，苏路江为此在周日兴师动众地召集包括公司法务在内的几位高管开会，商议满足这个需求的解决方案。

截至2019年1月,天然工坊没有在其任何竹妃产品包装上印产品购买二维码。如果提供了购买二维码,用户就可以直接扫描购买。但天然工坊认为这种做法会削弱小B拉新的积极性,"既然依赖小B拉新,我们就不应该破坏这种游戏规则。"苏路江解释道。

为了保护小B的利益,天然工坊在2018年之前没有做过任何类似"双十一"面向C端的促销活动。因为这类活动会将产品以折扣价直接推给关注用户,后者即使是通过扫描小B二维码来买的,他们的购买行为也只能算是复购,只能让小B提成2%,损失了小B 10%的拉新提成。然而,苏路江他们也发现,每次"双十一"过后,不做任何活动的天然工坊的销量也会下滑,甚至用户会被吸引到其他品牌上。与其如此,不如通过活动提高关注用户的转化率,如此一来尽管小B们会损失10%提成,但众多复购的2%提成也许会让他们收入更多。2018年10月,想通了这个逻辑后,天然工坊决定尝试做"双十一"促销。通知发给小B后,包括苏路江在内的几位公司高管几乎全部泡进群里,不厌其烦地跟反对者沟通。而"双十一"当天的数据最终让少数顽固反对者变成了拥护者,当天用户转化率从平时的20%提升到45%,之后的一个月销量也不降反增。

与供应商合作做好产品

在苏路江看来,好产品是其商业模式赖以成立的基础。因此,即使市场需求火爆、产能短缺时,苏路江也不敢随便找另外一家供应商生产产品。天然工坊的两家产品制造商都是

7 天然工坊：创业中的企业社会责任作用

其花近两年才开发出来的。在第二家制造商 2018 年 8 月投入生产之前，天然工坊一直处于产能紧缺状态，每天产品销售时间只有 3 到 4 个小时。有旁观者估计，如果天然工坊在 2016 年就把产能放开，那么当年销售额就能达 10 亿元。不过苏路江却认为："如果当时放开的话，产品质量不能保证，我们的品牌今天可能就不存在了，当时能够供应我们这种品质产品的企业只有一家。"

开发位于四川的第一家供应商时，天然工坊主动提供上千万元无息贷款，支持对方购买设备、扩充产能、增加品控人员。不仅如此，他们对供应商还采取现款现结的采购方式，在采购价格上，他们也给供应商留了丰厚的利润空间。比如，2018 年他们给这家供应商留的净利润相比市场同类产品就要高 2 000 万元。之所以要这样做，是因为"要让供应商有钱赚，让他们有做好产品的动力。"为了保证供应商的利益，天然工坊甚至前后三次独自压缩自己的利润空间以消化原材料涨价成本，以至于其卖一箱 99 元的纸巾只能赚 0.9 元。当原材料第四次涨价时，涨价幅度已经超出了前面三次涨价的总和，天然工坊已经没有办法再内部消化，可供他们选择的消化途径只剩两种：让产品涨价或者降低分销渠道提成比例（从 32％ 降到 27％）。与小 B 们商量后，小 B 选择后者，因为他们担心涨价会让产品失去竞争力。

天然工坊对供应商不光有扶持还有要求，要求供应商坚持环保、百分之百纳税。他们一方面对供应商制造环节的环保问题进行跟踪检查，同时，用自己的完全纳税来联动供应商的纳税。

尽管他们全心扶持起了第一个供应商，但产能不够的问

社会责任：企业发展的助推剂

题仍然存在，于是，他们选择并开发了第二家供应商。天然工坊始终把产品品质放在第一位，要求供应链无论在任何情况下，都必须用最好的原材料和工艺，严格按照天然工坊的标准进行生产。第二家供应商在理念上跟天然工坊很接近，非常认同天然工坊的价值观，双方就此达成了共识，展开合作。

发展多产品平台

在竹妃之外，2017年5月，他们开发出了第二类天然健康环保产品——酵丽酵素洗护产品；2018年10月，开发出了用竹纤维和莫代尔混纺的"健康抑菌、吸湿排汗、穿着舒服"的有品先生无痕内裤（见附录7-5）。

在创立竹妃之前，苏路江团队曾有过经营多产品的失败经历，那么，此次他们如何避免重蹈覆辙呢？"我们现在采取单一认知、多元经营的战略，即天然工坊团队90%的精力都是用在竹妃上，我们要让竹妃品牌能够立起来。而新品类产品则是由独立团队去运作，不像原来是一个团队运作多个产品。"苏路江回答道。

对于新产品的营销，天然工坊尝试在C端做爆款，同时，他们还计划建立消费积分机制，让消费者多买多得实惠，以提高消费频次。

内容营销

对于内容营销，天然工坊最基本的诉求是黏住关注用户、提升用户转化率；最高的目标是塑造品牌吸引力，在产品同质化竞争时，能以品牌吸引用户。

天然工坊内容营销的主要内容，就是奠定其价值观的传

7 天然工坊：创业中的企业社会责任作用

统文化。2016年初，天然工坊联合创始人刘国栋在直播平台上首次进行了内容营销。他现身说法讲传统文化如何影响自己价值观，自己又是如何因此而更加关注环保，并由此放弃在广州的服装设计师工作回到位于深山老林中的家乡去种植健康农产品，直至遇到一群志同道合者一起创建了天然工坊。那次直播影响了上百万名用户，实现了用户数量与产品销量双双大幅提升。

除了借助社交媒体外，天然工坊微信公众号"我的天然工坊"是其内容营销主要平台。根据天然工坊品牌部负责人刘凌侠的介绍："这个公众号的所有原创文章选题，都是基于天然工坊用户精准画像来设计的，力求用内容实现用户转化。"天然工坊已经组建了一个由600多位热心用户组成的小编群，每次的选题都会在这个小编群里进行充分讨论，一些文章的标题甚至在这里被反复修改200多次。因此，他们的原创文章阅读量篇篇都超过10万+（见附录7-6）。

内容营销让他们吸引了越来越多的普通用户。2017年底，与他们进行内容互动的用户中，小B占比还相当大，但2018年底，普通用户占比已超90%。"这些人是被原创内容所吸引而自愿参与互动的。"刘凌侠说，"对于这些人，你每天向她们推销产品，人家会很烦，但原创内容如果让她们感兴趣，她们就会不断关注你（公众号），在她们需要用产品时，也会自然想到购买你的东西。"

助力环保和公益

从2017年9月开始，天然工坊对广西传统文化道德促进会进行经费赞助和物品赞助,还定期派公司员工的义工队伍去仁爱家园做义工。10月,天然工坊开始每月都支出一部分钱支持民间环保团队,在6个村庄建设"零污染家乡"。

2018年5月3日开始,天然工坊践行传统文化,持续资助贫困学生。

除了物资上的帮助,天然工坊也利用其平台的影响力带动更多人参与和关注环保公益项目。

2017年,腾讯99公益发起的"留住长江的微笑——拯救江豚活动",天然工坊3天时间召集了2万多人参加,成为当年阿拉善SEE号召人数最多的企业。

2018年,腾讯99公益发起"零污染家乡"项目,天然工坊再次影响3万多人参与此项目,成为阿拉善SEE参与99公益日的企业里影响人数第二的企业。

除此之外,天然工坊还倾心打造了热爱环保,保护森林的卡通IP熊猫小妃,开发了以传统文化为根基,以传播环保为理念的"小妃睡前故事"原创音频系类,让孩子们从小接受环保理念,目前在全网的播放量已经超过1000万,深受孩子和家长们的喜爱。

同时,在天然工坊内部也一直推行垃圾分类,以多种形式向大众推崇低碳环保的生活方式。

天然工坊做这些,都是在力求实现自己的企业使命:弘扬传统文化、共创美好生活。

员　　工

在天然工坊,不仅创始人团队是靠价值观聚集的,员工也

7 天然工坊：创业中的企业社会责任作用

是靠价值观凝聚的。价值观首先是其招聘员工的重要衡量标准，其次，他们对新员工的培训，也是一段为期7天的封闭式传统文化学习，涉及孝道文化和《弟子规》。此外，全员每周三都要进行一次时长1.5小时的传统文化学习。在这样的学习氛围中，整个公司在价值观层面呈现了三个圈层，第一圈是以创始团队为核心的高管团队，价值观信念最强大；第二圈是正在学习并认可这种价值观的员工；第三圈是尚处观望状态的新员工。

面向员工，价值观被细化为若干具体行为准则，比如，不给别人添麻烦、不讨论工资、不传播负能量。基于这些规则，其员工到供应商或代理商处，从来不麻烦对方安排接机、吃饭、游玩等。

为了帮助员工践行孝道文化，天然工坊还出台了一些特别措施，比如为员工父母提供孝心工资，每月由员工出少部分，公司出大部分；员工生日时，提倡员工为父母准备礼物，并报销礼金150元；鼓励员工休假时带父母旅游，并报销3 000元孝心旅游津贴。逢年过节，天然工坊不仅给员工发福利，还会给员工父母送礼物，同时，苏路江还会亲自给员工父母写信。

和员工一起践行传统文化，苏路江是希望员工能产生幸福感，并产生追求长远目标的动力，而不计较眼前利益得失。当然，为了达到这个目的，他也设计了配套利益激励机制。首先，他让员工都能拿到接近一线城市的薪资；其次，针对各种项目，他还提供了额外的奖励。此外，员工有任何建议或不满，都可以扫描公司吐槽二维码匿名反馈给苏路江。

员工在天然工坊都被称为伙伴。对于伙伴，天然工坊用

社会责任：企业发展的助推剂

OKR(Objectives & Key Results)代替了 KPI 考核，不考核上班时间，提供有机素食午餐和水果茶歇，提供午休时间和卧具。

"我们希望以此换来的，不是伙伴八小时工作时间，而是他们的创造力。"苏路江说。

未　　来

依靠社交分销模式创业三年多的天然工坊，已经面临模式危机，首先，这种分销机制已经在拉新上出现规模瓶颈；其次，这种分销模式在市场上一直颇受争议，面临政策风险。

实际上，天然工坊已经在进行着摆脱危机的努力，比如，对"双十一"的尝试；通过新产品来尝试 C 端品牌营销；通过在天猫、京东等传统电商平台上开设旗舰店来拓展不同营销渠道等等。然而，他们的新品类产品营销至今仍处在探索中，而他们的电商渠道也还处在起步阶段。

在电商上销售的竹妃产品均被定为原价，没有二次购买八折优惠的价格策略。电商获客基本上靠平台的自然流量。他们希望通过这样的电商策略，可以将电商平台上的自然流量导入到天然工坊，然而，随着市场竞争的加剧，又有多少电商平台的流量能被这样导入？

如何更好地获取新用户并留住老用户？这个问题的确已经横亘在苏路江和他的团队面前，"我们必须要找到一个能惠及各方的方案。"苏路江对团队说道。

7　天然工坊：创业中的企业社会责任作用

附录 7-1　天然工坊用户增长数据

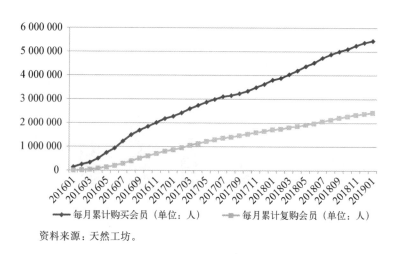

资料来源：天然工坊。

附录 7-2　天然工坊规模增长数据

	2016 年	2017 年	2018 年
累计注册用户	1 204 万人	1 904 万人	2 632 万人
销售金额	4.43 亿元	5.57 亿元	6.17 亿元

资料来源：天然工坊。

附录7-3 中国社交市场规模

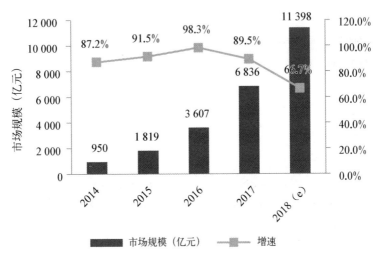

资料来源：创奇天下：《〈2018中国社交电商行业发展报告〉：社交电商行业的发展现状到底是怎样的？》（2018年7月24日），https://www.sohu.com/a/243028808_227320，最后浏览日期：2019年2月15日。

7 天然工坊：创业中的企业社会责任作用

附录 7-4 88.56％的小 B 用户在天然工坊的年收入不到 500 元

10 万小 B 用户按收入的用户塔形构成比例		
2018 年推广收入	人　数	比　例
≥100 000	74	0.07％
≥50 000＜100 000	80	0.08％
≥10 000＜50 000	501	0.49％
≥5 000＜10 000	766	0.74％
≥1 000＜5 000	5 550	5.39％
≥500＜1 000	4 806	4.67％
＜500	91 150	88.56％
合　　计	102 927	100.00％

资料来源：天然工坊。
注：包含曾经有过级别，现在无级别的会员。

附录 7-5　天然工坊的各种产品及销量占比

新品上线时间	商品名称	销量占比
2015 年 12 月 16 日	竹妃竹纤维抽纸(20 包/箱)	51.59%
2016 年 3 月 16 日	竹妃竹纤维卷纸(27 卷/箱)	21.47%
2016 年 5 月 14 日	竹妃竹纤维大手帕纸(80 包一箱)	1.05%
2016 年 11 月 1 日	mini 手帕纸(120 包/箱)	4.69%
2017 年 4 月 4 日	竹妃竹纤维盒抽(18 盒/箱)	0.86%
2017 年 5 月 23 日	竹妃竹纤维厨房用纸	2.45%
2017 年 5 月 27 日	酵丽天然浓缩洗碗液 2.3 kg	1.08%
2017 年 5 月 27 日	酵丽天然浓缩洗衣液 2.3 kg	2.01%
2018 年 5 月 3 日	竹妃竹纤维大手帕纸(50 包/箱)	1.99%
2018 年 5 月 22 日	酵丽酵素洗碗液 750 ml	1.51%
2018 年 7 月 4 日	竹妃竹纤维便携抽纸(8 包/箱)	1.36%
2018 年 8 月 7 日	竹妃竹纤维便携抽纸(36 包/箱)	3.38%
2018 年 8 月 16 日	酵丽水果酵素沐浴露 700 ml	0.91%
2018 年 9 月 10 日	竹妃竹纤维无芯卷纸(48 卷/箱)	3.06%
2018 年 10 月 18 日	有品先生无痕内裤	1.68%
2018 年 11 月 22 日	竹妃竹纤维纸巾组合装	0.90%

资料来源：天然工坊。

7 天然工坊：创业中的企业社会责任作用

附录 7-6 天然工坊公众号原创文章示例

公众号文章	发布日期	阅读量	打开率	分享率	朋友圈阅读比例	点赞率
业界良心，一张环保纸，3个月会员破200万	2016年3月19日	214 189	7.2%	10.0%	4.9%	1.3%
马云、柴静、周星驰共同提出一个重大问题，他来解决问题？	2016年2月25日	243 098	10.8%	7.4%	3.0%	2.4%
解读《人民的名义》：常在河边走，达康书记为什么就不湿鞋？（无剧透）	2017年4月13日	672 770	5.8%	2.8%	2.7%	0.2%
这个让人潸然泪下的真实故事由主人翁口述，一个单亲爸爸，为了一块钱罚跪……	2017年3月31日	281 318	1.7%	6.4%	6.8%	1.2%
有多少人正在努力毁掉自己！	2018年4月20日	447 102	3.1%	3.7%	3.6%	3.8%

社会责任：企业发展的助推剂

(续表)

公众号文章	发布日期	阅读量	打开率	分享率	朋友圈阅读比例	点赞率
幸福的家庭，从来不是三观相合，而是不争对错	2018年4月2日	355 447	1.1%	12.7%	12.5%	1.0%
年少不知父母恩，读懂已是泪千行：这些离家故事看哭了多少人！	2019年2月12日	347 473	2.20%	5.0%	2.8%	2.2%
干净的房间里，藏着你的福气和运气	2019年2月28日	326 201	1.3%	12.1%	9.5%	1.6%
《我的老婆》作文火了，果然别人家的老公从没让我失望过	2018年4月28日	1 254 257	6.7%	6.0%	7.0%	1.5%
真正的好老公，从不帮妻子做家务！	2018年5月23日	1 052 328	1.6%	6.1%	5.0%	1.3%

资料来源：天然工坊。

> 点评

企业家的伦理道德是决定企业履行 CSR 的关键

陈 琛[*]

企业家个人伦理道德的选择在企业创始和发展中至关重要。天然工坊在创业之初达成不赚快钱的共识,并约定四条价值观:坚守诚信、做好产品、百分之百纳税和不负债经营,奠定了企业长久发展的基础。

从创业者角度,天然工坊除了自身始终践行企业价值观,同时也与利益相关方在价值观上保持高度一致,成为事业和命运的共同体。这在之后的运营上无论是遇到双十一利润分配问题,还是由于原材料四次涨价的重新定价和提成比例问题,天然工坊都能与小 B 和供应商充分对话达成共识,最终平衡了各方的利益分配。对内创造了凝聚力,对外产生了适应性,实现共赢。

从供应商角度,天然工坊有扶持、有监督、更有带动作用。扶持体现在发放无息贷款、现款现结及确保供应商利润空间等,监督体现在对供应商制造环节环保问题跟踪调查,并用天然工坊完全纳税联动供应商百分之百纳税。在双重机制下,带动供应商一起做诚信产品,诚信企业,提升了供应商的企业使命感和专注做好产品的动力。

企业的社会责任泛化方面,天然工坊对社会和员工有着

---

[*] 广东凯络广告有限公司上海分公司,英加品牌内容营销负责人。

社会责任：企业发展的助推剂

强烈的责任感。天然工坊在助力环保和公益事业方面投入大量精力，推崇和践行低碳环保生活的理念，履行公益责任。对待员工，天然工坊用价值观凝聚创始人激励员工团队，换来员工的幸福感和创造力。天然工坊利用其平台和社会活动的影响力号召更多人参与和关注环保公益，做到社会责任的泛化和传递。

天然工坊同时也面临诸多挑战，渠道环节的利益分配模式还在不断磨合调整，新品类开发运营仍处于探索阶段，社交分销模式已经在拉新上出现规模瓶颈且一直颇受争议，面临政策风险，不赚快钱的理念又恰恰与资本逐利的投资理念有天然矛盾。因此，适应新局势尽快探索出一套持续的提升赢利能力的商业模式是经营企业的重中之重。

该案例对我们的启发是，企业家是企业的主导者，企业家没有伦理道德、不讲社会责任，很难想象所主导的企业会承担社会责任。企业的社会责任是首先是承担法律规范要求企业承担的义务，为社会创造利润和价值，在过程中应该坚持初心和工匠精神，不挣快钱讲求价值，与利益相关方共创共享价值，确保公司可持续、平稳健康地发展。企业家的社会责任是引领企业走上正确的道路，创造更多就业机会，让员工生活得幸福快乐，这需要所有的企业家和管理者一起努力把企业的社会责任践行和传递下去。

如果经商头脑是企业家的天赋，那么履行企业社会责任则是企业家的选择和担当！

蒙草生态：融合企业社会责任的生态修复者*

"一个企业要想持续履行企业社会责任（CSR），必须将企业社会责任与企业的产品和商业模式结合起来，实现企业和社会双赢。这样，企业在运营时，也在持续履行自己的社会责任。"说这话的王召明，是内蒙古蒙草生态环境（集团）股份有限公司（简称蒙草生态，股票代码300355）创始人和董事长。

蒙草生态是中国截至2018年9月唯一一家专注于引种、驯化乡土植物并基于大数据精准修复生态的科技型上市公司（见附录8-1）。蒙草生态的"驯化一方乡土植物，修复一方生态"的模式，就比传统园林绿化方式节约了70%—80%的用水量。由此，对于普遍缺水的现代城市来说，他们履行了其节约水资源的社会责任。不仅如此，相对于传统园林"大水大肥、农药支撑的视觉绿化"[①]，他们的这种因地制宜、师法自然的方式，

---

* 本案例由中欧国际工商学院教授芮萌、案例研究员朱琼共同撰写。在写作过程中得到了内蒙古蒙草生态环境（集团）股份有限公司的支持，该案例目的是用作课堂讨论的题材而非说明案例所述公司管理是否有效。

① 杨进怀：《生态修复要预防建设性破坏》（2014年7月9日），园林网，http://news.yuanlin.com/detail/201479/188495.htm，最后浏览日期：2019年7月10日。

不但不会给环境造成二次污染,而且恢复了环境的自愈能力,延续了生态的健康。

凭借这种生态修复方式发展到 2018 年 9 月的蒙草生态,总市值为 83 亿元,位列园林行业上市公司市值排名第五。而 2017 年底的数据显示,其 56 亿元的年收入、8 亿元的净利润分别位列行业第三和第二,其 26.29% 的净资产回报率则位列行业之首(见附录 8-2)。

蒙草生态的这些成就,在多大程度上得益于其对企业社会责任的兼容?结合了企业社会责任的蒙草生态形成了怎样的差异化竞争优势?这样的竞争优势未来能让蒙草生态拥有多大的发展空间?

生态修复行业

市场状况

生态修复的本意是指利用大自然的自我修复能力,在适当的人工措施辅助下,恢复生态系统原有的保持水土、调节小气候、维护生物多样性的生态功能和开发利用等经济功能。[1] 而在中国市场,生态修复在某些时期演变成了违背自然规律甚至破坏生态的举措,比如曾经耗资 578.6 亿元的三北防护林[2]、

---

[1] 陆澜清:《2018 年生态修复行业市场分析》(2018 年 1 月 16 日),前瞻网,https://www.qianzhan.com/analyst/detail/220/180116-e7c96d21.html,最后浏览日期:2018 年 10 月 19 日。

[2] @Sunny:《违背自然规律的代价,三北防护林成片死亡》(2013 年 10 月 10 日),有机会网,http://www.yogeev.com/article/40690.html,最后浏览日期:2018 年 9 月 27 日。

8 蒙草生态:融合企业社会责任的生态修复者

在城市园林绿化中的"南树北种"①等。

根据全国第二次土地侵蚀遥感调查(实施于1999—2001年)数据,我国水土流失面积为356万平方千米、沙化土地174万平方千米,每年流失的土壤总量达50亿吨,全国113 108座矿山中,采空区面积约为134.9万公顷,采矿活动占用或破坏的土地面积为238.3万公顷。② 为了修复生态,中国政府制定了多项具体目标,到2020年,全国森林覆盖率要从2016年的21%增加到23%,2050年达到并稳定在26%以上;③到2020年,全国草原综合植被覆盖率要从2014年的53.6%增加到56%。④

然而,生态修复是一种需要大量资金投入而又见效慢的工程。2015年之前,这样的工程大都依靠政府财政资金买单,有限的资金投入致使生态修复市场发展缓慢(见附录8-3)。转折点发生在2015年,政府分两批推出的总投资额达4.26万亿元的PPP(Public-Private-Partnership,即公私合营)项目⑤部分进

---

① 张兴军、张军、王攀:《部分城市大跃进式人工造景:棕榈树套防寒服过冬》(2012年8月29日),新浪,http://news.sina.com.cn/c/2012-08-29/151125060421.shtml?bsh_bid=125678598,最后浏览日期:2019年7月10日。
② CY321:《2016年我国生态修复行业现状及未来发展趋势分析》(2016年5月4日),中国产业信息网,http://www.chyxx.com/industry/201605/412587.html,最后浏览日期:2019年7月10日。
③ 人民政协网:《中国森林覆盖率提高 到2020年有望达23%以上》(2017年9月15日),人民政协网,http://www.rmzxb.com.cn/c/2017-09-15/1793731.shtml,最后浏览日期:2018年10月19日。
④ Moon:《农业部:2020年草原植被综合覆盖度达到56%》(2015年9月21日),点绿网,http://news.inggreen.com/981.html,最后浏览日期:2019年7月10日。
⑤ PPP项目是政府和民间资本在公共基础设施领域里的一种项目合作方式。政府采取竞争性方式选择具有投资、运营管理能力的民间资本,双方按照平等协商原则订立合同,由民间资本提供公共服务,政府依据公共服务绩效评价结果向社会资本支付对价。

社会责任:企业发展的助推剂

入生态修复市场。① 于是,市场开始迅速活跃,当年 A 股生态环保类上市公司披露的 PPP 项目总额就达 824.669 亿元,单个项目金额从 2 亿元到 30 亿元不等。② 此后,生态修复市场成为财政部 PPP 项目的重点推行领域,截至 2017 年 9 月,这个市场的 PPP 项目共有 886 个,总投资额达 9 109.59 亿元,占财政部 PPP 项目总投资额的 5.12%,位于细分市场投资额前列。③

促进这个市场发展的,不仅有 PPP 项目,还有中国从中央到地方各级政府的政策支持。习近平同志早在 2005 年就提出"绿水青山就是金山银山"的科学论断,2017 年又在党的十九大报告中强调了"树立和践行绿水青山就是金山银山的理念,坚持节约资源和保护环境的基本国策"。④ 为此,政府部门推出了各种生态修复的法律和政策,比如建设部于 2007 年提出《关于建设节约型城市园林绿化的意见》,强调"积极提倡应用乡土植物""推进乡土树种和适生地被植物的选优、培育和应用,培养一批耐旱、耐碱、耐阴、耐污染的树种","加快研究和推广使用节水耐旱的植物"等。⑤ 国务院 2016 年推出

---

① 中国证券网:《发改委发布第二批 PPP 推介项目 总投资逾 2 万亿》(2015 年 12 月 17 日),新浪,http://finance.sina.com.cn/roll/2015-12-16/doc-ifxmpnqm3343353.shtml,最后浏览日期:2019 年 7 月 10 日。
② 刘杨:《项目订单纷至沓来 生态环保企业分羹 PPP 盛宴》(2015 年 12 月 22 日),金融界,http://m.jrj.com.cn/toutiao/2015/12/22/20275398.shtml,最后浏览日期:2018 年 10 月 19 日。
③ CY315:《2017 年中国生态修复行业市场需求及行业未来发展趋势分析》(2018 年 2 月 12 日),中国产业信息网,http://www.chyxx.com/industry/201802/613088.html,最后浏览日期:2019 年 7 月 10 日。
④ 黄渊基、成鹏飞:《践行绿色发展理念的五个抓手》(2017 年 12 月 10 日),人民网,http://theory.people.cn/n1/2017/1210/c40531-29696726.html,最后浏览日期:2018 年 10 月 19 日。
⑤ 《关于建设节约型城市园林绿化的意见》(2007 年 8 月 30 日),中华人民共和国住房和城乡建设部网站,http://www.mohurd.gov.cn/wjfb/200709/t20070903_157289.html,最后浏览日期:2018 年 10 月 19 日。

8 蒙草生态：融合企业社会责任的生态修复者

《土壤污染防治行动计划》，提出了防治土壤污染的具体行动时间表；住建部 2017 年推出《关于加强生态修复城市修补工作的指导意见》，提出 2020 年"城市双修"①工作要在全国全面推开，要通过 PPP 项目吸收民间资本参与"城市双修"。② 由此，一个万亿级别的生态修复市场正在展开。

行业格局

生态修复行业涵盖道路边坡生态修复、矿山生态修复、沙漠化治理、水利工程生态修复，以及传统园林绿化领域的生态修复。行业的上游主要为绿化苗木和生态型苗木的种植业，下游主要是铁路、公路等基础设施领域以及采矿业、房地产开发、各级市政建设行业等。行业内企业经营模式一般是首先承揽生态环境建设工程项目，然后进行工程施工，工程施工过程中配以工程设计及苗木种植支持，实力较强的公司一般会配以研发支持，工程竣工后进行工程结算收款。这种经营模式最大的特点就是应收账款多，回款周期长（1—3 年甚至 3—5 年），企业在工程结算之前需要垫付较多覆盖施工成本的资金，因此，对企业融资能力提出很高要求。

在中国市场，生态修复是起步于 20 世纪 90 年代的新兴行业。城市园林绿化企业是其中的主力（见附录 8-4）。截至 2017 年末，被归并于园林板块的生态修复企业在 A 股上市的

---

① 贾兴鹏：《住建部：全面部署"城市双修"有效治理城市病》（2017 年 4 月 18 日），新华网，www.xinhuanet.com/2017-04/18/c_1120831970.htm，最后浏览日期：2018 年 9 月 28 日。
② 《关于建设节约型城市园林绿化的意见》（2007 年 8 月 30 日），中华人民共和国住房和城乡建设部网站，http://www.mohurd.gov.cn/wjfb/200709/t20070903_157289.html，最后浏览日期：2018 年 10 月 19 日。

社会责任：企业发展的助推剂

有23家，在新三板上市的有133家。而被归并为环保工程板块的企业在A股上市的有45家。①

像中国大部分其他行业一样，生态修复行业在2018年上半年也深受中国市场地方政府融资监管趋严、流动资金短缺、融资难的影响。2018年上半年行业整体资产负债率为64.79%，较去年同期提升6.65%，较2017年底提升1.19%②。在负债增加的同时，融资渠道和融资规模又被限制。2018年5月，北京东方园林环境股份有限公司本计划发行10亿元公司债券，实际发行规模仅为0.5亿元。③日益吃紧的现金流导致行业内公司不得不依靠再融资、股权质押等手段来获取继续发展的空间。

这场行业性资金困局也曾让蒙草生态感到紧张，但他们很快就扭转了被动局面。按照蒙草生态高层的说法，原因一方面在于其工程总体规模风险可控，另一方面在于蒙草生态对企业社会责任持续不断的践行，已经让它成为属地政府或金融合作机构眼中的好企业公民，由此，在他们遇到困难时，属地政府和银行都伸出了援助之手。

价值观驱动的蒙草
生态业务发展

蒙草生态践行企业社会责任的主要思路是尊重生态、师

---

① 园林说：《2017年园林资本市场大事件回顾》（2018年1月12日），搜狐，https://www.sohu.com/a/216330178_796243，最后浏览日期：2018年10月19日。
② 笑谈建筑：《2018年H1园林行业财报汇总分析》，wind数据库，最后浏览日期：2018年9月12日。
③ 《今年最惨发债 东方园林盘中暴跌》（2018年7月2日），网贷之家，https://www.wdzj.com/hjzs/ptsj/20180702/675696-1.html，最后浏览日期：2018年10月19日。

8 蒙草生态：融合企业社会责任的生态修复者

法自然、节约生态资源。这种思路源于王召明的价值观。王召明创建蒙草生态，就是其价值观驱动的结果。

以节约水资源为出发点

蒙草生态的前身，呼和浩特和信园绿化有限公司创建于2001年，那是王召明大学毕业的第四年。那时的王召明，已有7年创业历史。

内蒙古"放羊娃"出身的王召明，1993年考进内蒙古农业大学。为了减轻家人供他上学的负担，他在大二时就开始与同学合作开信息中介：搜集工地、饭馆之类的用工需求转身向农民工提供信息，从而向后者收取佣金。尽管第一个月他们就赚了500元，但他还是决定终止这个业务，因为向农民工收费让他于心不忍。之后，他开始蹬三轮车卖花。1997年大学毕业时，他已经开了3家花店。当他把花卖到社区、园林后，他看到了城市绿化的市场需求："当时仅华北几个大城市建设用草坪就有几百亿元的需求。"于是，他创建了园林绿化公司。最初，他也像同行一样进口草坪用于园林绿化项目。尽管这是一个挣钱比较快的生意，但在这个行业浸淫两年时他发现了问题，在那些干旱半干旱地区，进口植被尽管能营造出碧草繁花的景观，但生命期很短，而且价格昂贵，不仅如此，保养期间还需要大量浇水、施肥、喷药，不仅耗费水资源，还在一定程度上污染环境。

"为什么要这样浪费水资源？为什么要以这样高的成本进行城市绿化？"王召明心痛之余想到了他家乡的草原，那里的野花野草只能依靠大自然旱涝无常地给予，却生长得肥美茂盛。"能否将它们引种到城市绿化中呢？"2003年，王召明在这个念头驱使下,成立了抗旱植物研究院。2005年,他选育出了沙冬青、黄芪、常青石竹等随后被冠以"蒙草"品牌的抗旱植物。

蒙草,是蒙草生态对其从内蒙古草原、荒漠通过引种、驯化野生乡土植物,选育出的适用于干旱半干旱地区生态环境建设的具有节水抗旱、耐寒、耐盐碱、耐贫瘠等抗逆性[①]特征的多年生植物的统称。

2006年,在中国环境保护大会上,王召明将蒙草公之于世:"省得方寸水,留与子孙用。中国是一个水资源短缺的国家,以往只要美化、不计成本的绿化观念导致花草树木与人抢水喝,造成水资源的巨大浪费。我们经年培育出的蒙草不仅美观,而且节水耐寒,生命力旺盛。我们旨在用最低的生态成本创造绿色生活。"

2007年,王召明用"免费试种达不到效果不收费"的条件,在内蒙古获得了第一个蒙草客户。实践证明,蒙草不仅绿化效果经得起时间考验,还不需要被频繁浇水和喷药、不需要被频繁补种。普通草坪每年每平方米用水量为2.25吨,而蒙草的用水量仅为0.27吨。于是,蒙草节水、养护成本低的口碑就此传开。

此后,尽管王召明的园林绿化公司的主业仍然是园林绿化建设工程,但公司在工程施工中应用自己选育的蒙草,因此提高了工程建设中植被的存活率,减少了植物补植,提高了工程利润水平,由此打造了"蒙草抗旱"节约型生态环境建设的差异化竞争力。2011年,公司名称改为"内蒙古和信园蒙草

---

① 植物的抗逆性是指植物具有的抵抗不利环境的某些性状;如抗寒、抗旱、抗盐、抗病虫害等。

8 蒙草生态:融合企业社会责任的生态修复者

抗旱绿化有限公司",2012年9月在深圳创业板上市,公司更名为"内蒙古和信园蒙草抗旱绿化股份有限公司"。2013年,公司确立了"蒙草抗旱——节约型生态建设者"的品牌定位,提出"三节(节水、节能、节地)、三耐(耐旱、耐寒、耐盐碱)、三低(低碳、低成本、低死亡)"的品牌核心要素,同年8月,发起"小草行动·2013可持续发展绿色之路"活动,并发出倡议书,号召全社会关注并参与到生态建设中。此次活动引来多家媒体报道,极大提升了蒙草抗旱品牌知名度。随着生态修复行业的大爆发,企业于2016年更名为"内蒙古蒙草生态环境(集团)股份有限公司"。

生态修复

蹚出蒙草培育之路后,蒙草生态开始将成果应用到野外生态修复上,因为王召明意识到那是一个更为迫切的需求,而且之前中国罕有合适的生态修复方法。于是蒙草生态在为野外生态保护履行一份责任的同时,也拓展了业务种类,同时也让其工程设计施工能力与蒙草研发培育能力都得到了提升:蒙草的研发培育有针对性地为工程提供了多样化的植物配置资源,丰富了设计施工素材,促进了工程设计施工和植物配置技术的提升,也节约了植物和水资源,降低了后续维护成本;而工程设计施工反过来为蒙草提供了应用平台,工程的信息反馈,可以及时修正蒙草研发培育的对象和方法,进一步提高蒙草应用的针对性和适应性,同时,施工完成后的项目,也成了展示和推广蒙草的平台。

发展到2011年底,蒙草生态的生态修复业务收入占其总营收的比重已达62.27%,生态修复业务已涉及防沙治沙、荒山造林、盐碱地改良、矿山地质环境恢复治理等(见附录8-5)。

2012年,蒙草生态承接了呼和浩特市大青山呼和塔拉草原的生态修复工程。那里曾经是"风吹草低见牛羊"的大草原,但自20世纪以来退化成了戈壁荒滩废弃地。当时几乎所有人都认为这是一项不可能完成的修复工程,但王召明认为只要找到适合的植物就能恢复。于是,蒙草生态本着要让这片荒滩在人工干预下实现自然修复的宗旨,首先对周边环境和土壤条件进行了前期调研和科学论证,然后据此选择适合当地的蒙草生态植物进行搭配,采用天然草地改良与人工草地建植结合的设计方案,最后为不同种类植物匹配不同施工技术。

2014年,这片荒滩开始出现绿色生机,2017年,这里再现了万亩草场的天然景色(见附录8-6)。数据显示,草原修复后,区域内的生态明显好转,植被种类由2012年的8种增至2015年的39种、2017年的52种;产草量也由2012年的每平方米27克,增至2015年的330克、2017年的338克。

蒙草研发

在拓展生态修复业务的同时,蒙草的研发体系逐步建立起来。同时拥有施工设计能力和相匹配的乡土植物研发能力的企业在行业中非常罕见。究其原因,蒙草生态执行总裁高俊刚认为,这是由于引种驯化野生乡土植物是一个周期长(3—5年)、投入大的工程,需要配备专业的科研设备和种植基地,并由专业研究人员进行长期研究实验和种植观察,因此存在较高技术和资金门槛。而蒙草生态之所以能具备这个能力,是因为王召明的专业背景和他为生态打造适配乡土植物

8 蒙草生态：融合企业社会责任的生态修复者

的执着。

蒙草研发最初的团队是以王召明为首的18人，之后王召明又邀请来了内蒙古农业大学的教授、专家，并于2003年3月建立了抗旱植物研究院，截至2011年底，王召明在研发上投入了2700多万元。2012年蒙草生态上市后，王召明加大了对研发的投入，每年研发金额从之前的数百万元增至数千万元，在2017年的投入甚至达1.6亿元（见附录8-7）。发展到2018年上半年，蒙草生态已建立了包括生态和种业研究在内的13个专项研究院，按照每个研究院5500万元投入，累计估算投资7亿元以上。

经过多年的研发实践，蒙草生态掌握了野生乡土植物驯化育种技术（包括野生乡土植物引种驯化技术①、组培技术②、分子生物学培育技术③等）、节水抗旱园林绿化技术、生态修复集成技术，形成了"退化草地修复""北方草原区露天煤矿排土场植被恢复""荒废土地恢复草原植被""绿地节水"和"草原生态牧场管理"五大技术的行业或国家标准。截至2017年底，蒙草生态申请专利量为31项，授权量为4项，获得软件著作权2项、植物新品种权4项。蒙草生态还建起了国内最完备的草原乡土植物种质资源库——小草诺亚方舟，收集了北方干旱半干旱地区草原乡土植物种质资源近2000种、3000余份，植物标本2800余种、2万份，土壤标本近40万

---

① 引种驯化是将野生植物种从其自然分布区域引至本地栽培，可有效改善株形、花期、绿期等形状。蒙草生态的引种驯化技术包括野外种质资源调查与采集、栽培驯化试验、筛选优良品种、大批量繁殖等主要过程。

② 组培技术指利用无性生殖原理使植物在人工控制条件下，通过细胞增殖和分化快速发育成新植株的方法。蒙草生态拥有两项这个技术的发明专利。

③ 分子生物学培育技术是指将野生乡土植物的抗逆行基因转移到目标植物中，使目标植物表现出对逆境的适应性，提高抗逆性。

份,这些资源来自蒙草生态在全国建立的10多个种质资源分库。

蒙草生态已经打造了集种质资源研究、繁育、生产及销售为一体的种业产业链(种业科技),建成了1600平方米的组培车间、2.2万平方米的植物加工工厂,培育了乡土植物草种160多种。不过,蒙草生态自己制种,一亩地只能产30千克,而国外公司能产120千克。成本悬殊如此大,他们为什么还要坚持自主制种呢?"我们种业首要任务就是解决知识产权问题,我们要据此拥有品种权。如果没有品种权,我们的草业就存在着很大的侵权风险。"高俊刚回答道。不过,成本如此之高,是否会削弱竞争力呢?高俊刚说只有等未来形成一定规模后才有可能解决这个问题。

生态大数据平台

在持续近20年的科研和工程实践的过程中,蒙草生态在其项目所及范围内围绕影响生态环境的"水土气、人草畜、微生物"等基础信息,积累了几十万份数据。2016年,基于这些数据,再加上蒙草生态的种质资源数据,蒙草生态搭建起了生态大数据平台。当某一个区域数据被平台录入后,只要在平台上锁定该区域任何一个经纬度坐标,就能查询到当地的生态环境变化数据及生态修复治理方案;点击任何一种植物,都能得出它适合生长的环境。

基于这个平台,蒙草生态推出了创新性的产品——生态包,即将符合地域生态和景观需求的乡土植物种子、因地施用的土肥技术、微生物与保水剂等进行合理配比,结合蒙草生态修复技术标准形成一个打包产品。在规划设计方案时,不同

8　蒙草生态：融合企业社会责任的生态修复者

地域的坐标会被配出不同配方的生态包。

目前这个平台已经生成覆盖内蒙古地区的"草原、草坪、矿山边坡、沙地治理、土壤修复、花海花田"6大系列21种标准生态包，还可以根据客户需求实现个性化定制的生态包。

大数据平台让蒙草生态的生态修复能力从节约型提升到了精准修复型。2016年，"蒙草抗旱"更名为"蒙草生态"，公司本着"一方水土养一方植物"的生态修复理念，确立了一套精准生态修复模式：每做一个项目，在大数据的驱动下，先"把脉"当地的地理条件与自然环境状况，再"开药方"给出基于当地水土气的植物选择与规划设计方案，同时，公司还会利用大数据平台对项目后续进行实时信息检测和维护。简言之，即"生态规划设计＋种质资源配方＋工程技术管理＋生态数字服务"。截至2018年9月，利用这套修复模式，蒙草生态累计治理轻、中、重度荒漠化草原、矿山、废弃地、盐碱地等110万公顷。

这套模式在2017年、2018年被蒙草生态陆续复制成疆草、藏草、滇草、秦草等，以开展在新疆、西藏、云南和陕西的精准生态修复业务，甚至还把这套模式复制到新加坡、蒙古国、俄罗斯和阿联酋等国际市场。

大数据平台不仅让蒙草生态的生态修复业务更有竞争力，还为他们开辟了新业务——数据服务，为地方政府或行业建立大数据智慧平台，用以实时管理所在区域或行业生态资源。2017年他们成立了大数据公司，开始向市场提供大数据服务产品。2018年7月，他们在青海获得了第一单数据服务业务，收入2 000万元。

社会责任：企业发展的助推剂

与农牧民建立利益联结机制

蒙草业务尽管富含科技元素，但也密集渗透着农牧民的身影。蒙草生态业务与农牧民有着天然的联系，他们的草种繁育和收储所用到的遍布全国的16.5万公顷基地，就涉及农牧民近2 800户、7 800人。他们的项目施工、草种搜集、繁育、生产等，也都需要大量用工。于是，在蒙草生态业务发展过程中，公司与农牧民建立了"风险共担、利益均沾"的利益共同体，形成了如下四种合作模式。

股份合作型

2013年蒙草生态联合28家企业、6家金融部门、8所高等院校科研单位、2家牧民经营合作社，成立了草原生态修复产业技术创新战略联盟，旨在通过整合各种资源，打造"草原生态修复、草原种质资源库建设、中蒙药用植物和优质牧草规模化种植、绿色养殖、绿色农畜产品加工、新能源技术应用"为一体的草原生态产业链。作为成员之一，农牧民通过企业和银行支持在其中从事生态修复、草产品和畜产品生产加工，同时农牧民还可以自愿以土地经营权入股联盟项目并参与分红。由此，农牧民不仅能获得产业经营收入，还能获得资产性收入。

订单合作型

蒙草生态将种业的种植、生产、收储环节，以及土壤和水文采集方面都进行标准化管理，并以订单的形式委托给农牧民操作。他们在河北、黑龙江、宁夏等10个省份的种业委托生产总面积就达1 867公顷，采用公司＋农户、公司＋合作社的形式，涉及农户530多户、1 100多人，带动人均年收入6万

8 蒙草生态：融合企业社会责任的生态修复者

余元。

流转聘用型

蒙草生态设在农区的每一个科研和生产基地，都为村民提供就业培训，并尽可能把操作岗位提供给村民。比如，蒙草生态建在和林格尔经济开发区白彦兔村的两个苗木研究生产中心和占地 200.2 公顷的抗旱植物种植研发基地，就为村民提供了 300 个就业岗位，为务工者每人每年增加收入 3 万多元。此外，蒙草生态在当地建立的草原乡土博物馆（草博馆）也能为村民提供就业机会。当然，草博馆更重要的意义在于能为当地生物多样性保护提供保障，并促进当地生态旅游产业的升级。

服务协作型

蒙草生态还帮助牧民进行自家草场修复，推动牧民草场进行有机牧场认证，从而帮助牧民增收致富。同时，用大数据平台指导牧民种植有市场需求的草，并帮助牧民销售草。2015 年 8 月，他们联合牧民完成 16 万公顷天然牧草有机认证，直接帮助牧民 2 100 多户，为牧民增收 2 亿多元。

商业模式演变

2018 年上半年的数据显示，蒙草生态业务的主要收入来源于其生态修复的工程施工，占比达 96％，而 2017 年全年这个占比为 94％。除了工程施工外，2017 年蒙草生态还有工程设计、牧草销售、苗木销售和光伏发电等收入来源，收入占比分别为 3.32％、0.9％、0.79％、0.37％（见附录 8-8）。当然，工程施工的成本，也是蒙草生态营业成本之最，2017 年占比为 94%。

PPP 模式

实际上,在蒙草生态发展的这些年来,以各级地方政府部门或机构为主要客户的工程施工项目一直是他们的主要营收来源,2015 年之前,项目的盈利模式就是传统项目盈利模式,而 2015 年之后,PPP 模式逐渐成为主要盈利模式。

传统项目的付款方式为 4∶3∶3,即施工后第一年客户付款 40%,第二年付 30%、第三年 30%。因此,做传统项目时,蒙草生态和同行一样,必须提前为项目垫资,项目规模越大,垫资越多。由此,蒙草生态必须不断到市场去融资来保证项目实施。蒙草生态的一些同行为了扩大市场规模,不惜撬动很高的资金杠杆。然而,王召明却不愿意这样做,"我的融资一定不能出现资不抵债,我的债务一定要能拿所有资产覆盖。"这样的思路让蒙草生态一直奉行"有多大盘子做多大事"的发展原则,由此,与同行相比,蒙草生态的市场规模并不占优势,尽管其净资产回报率位列行业第一。在蒙草的发展中,这种思路是一种保障还是限制?

在大数据业务建立后,蒙草生态的传统盈利模式得到了改进:蒙草生态把基于大数据平台的项目设计方案与项目施工变成一个项目的两个产品,拥有科技含量的设计方案只要被客户采纳,就要在项目施工前收全款。而 2016 年之后的几个项目实践证明,这个收费模式被客户认可,因此,他们可以在项目开工前就将占项目总额至少 20% 的设计费收入账中。

从 2015 年起,蒙草生态顺应行业潮流也与地方政府开始进行 PPP 业务合作。截至 2018 年 6 月底,其在建 PPP 项目

8 蒙草生态：融合企业社会责任的生态修复者

有41个,占其在建项目总数的一半,项目金额达40亿元(见附录8-9)。"PPP模式的应用,可以有效改善我们的现金流、提高运营效率,由此我们可以相对快速地扩大业务规模。"高俊刚说。

在PPP项目中,蒙草生态的身份既是社会资本,也是项目设计和施工方。作为社会资本参与PPP项目的蒙草生态,与政府客户合资成立SPV(Special Purpose Vehicle)[①]项目公司。作为项目的实施主体,SPV在项目合作期间内负责项目的投融资、建设、运营维护和期满移交。项目前期工作(包括各种审批、批准、备案手续等)由政府指定单位完成。SPV与作为施工主体的蒙草生态签订工程承包合同,在项目建设完成后,按合同约定回款周期及进度支付蒙草生态工程款。PPP项目付款周期一般为7∶2∶1或8∶1∶1。项目进入运营期后,当项目回报机制为使用者付费或者可行性缺口补助[②]时,SPV还会收到在特许经营权范围内的收益。运营期满后,SPV将项目无偿移交给实施机构或政府指定机构。

从上述过程可以看出,在PPP项目中,身兼数职的蒙草生态在项目能够完成融资的前提下,所收到的回款比例比传统工程高,因此能获得稳定持续的现金流,其之前的垫资压力也得到了大大降低。他们在一个PPP项目上的回款,在支付其工程成本之后,还能有很大的盈余。凭借这些盈余,他们可以去拓展更大的市场规模(见附录8-10)。

---

① SPV(Special Purpose Vehicle)是PPP项目中为项目实施而组建的负责项目融资和执行的法人实体。

② 可行性缺口补助,是指使用者付费不足以满足社会资本或项目公司成本回收和合理回报,而由政府以财政补贴、股本投入、优惠贷款和其他优惠政策的形式,给予社会资本或项目公司的经济补助。

社会责任：企业发展的助推剂

尽管PPP项目带来了规模快速扩大的机会，但是，蒙草生态也意识到了其中由地方政府财政危机和金融机构资金短缺而可能带来的融不到资金的风险。不仅如此，长期依赖政府客户、靠工程项目盈利的模式，也让蒙草生态感到了不安。于是，从"施工者"向"解决方案服务者"转型、从依赖政府客户到拓展非政府客户，成了2018年蒙草生态的当务之急。

成立于2018年初的"快乐小草"子公司，就是蒙草生态的一个转型尝试。"快乐小草"是蒙草生态首次向足球场等体育娱乐产业的延伸，定位于成为球场的全产业链服务商和运营商，以自主研发的运动草和耐踏草为主要产品，基于蒙草生态大数据平台，提供集研发、设计、施工、养护和运营为一体的服务。截至2018年9月，蒙草生态已经建成或在建的足球场有5个，而且还打算将业务拓展到赛马场、棒球场、网球场和高尔夫球场上。

在成立"快乐小草"公司的同时，蒙草生态还将其生态修复业务分门别类地划分为3个专业子公司：草原修复和荒漠化治理、矿山修复和环境治理、盐碱地改良和土壤污染修复。

加上2017年成立的大数据子公司，蒙草生态在2018年初变成了一个包含5个子公司的集团。集团的定位变为以种质资源和大数据精准修复为双轮驱动的综合解决方案提供商，"未来集团将会是一家靠数据驱动的生态修复产业链上游控制方，把控数据、方案、技术、种质资源等，提供解决方案"。高俊刚诠释道。

这样的定位也促使蒙草生态在商业模式上引入了共享概念，比如，他们与各地方政府合作建草博馆就采取了共享商业模式，地方政府出资源享受建成后的资产和运营成果，而他们

8 蒙草生态：融合企业社会责任的生态修复者

则赚取产品建设费和（或）运营服务费。

为了支持集团的新定位，蒙草生态的内部管理也才采取了共享模式。

共享管理

蒙草生态共享管理的核心举措，就是在集团总部建立了一个共享中心，以支持前端业务部门与集团总部职能部门的沟通和协调。此外，共享中心还被定位成蒙草生态集团的知识大脑，用以支持员工寻找业务信息并帮助形成相关决策和执行。共享中心包含蒙草生态所有数据相关部门，包括大数据公司、设计院、种质资源部门和策划部门等。

集团对共享中心的工作要求是对业务求助 24 小时内回复、48 小时内解决问题。为了保证共享中心的协调能力，共享中心的首席指挥官由蒙草生态集团位列前三的高管按季度轮值。

尽管共享中心成立于 2018 年，但共享管理的思路则是王召明一直推行的。在蒙草生态总部，包括王召明在内，除非必要，员工都没有固定办公室或者固定工位，大家共享办公空间。王召明说这样的布置是为了营造大家平等、互相融入的关系。当然，也是为了节约资源。蒙草总部还有一个特色，就是没有一辆公车。

未　　来

蒙草生态一路走来，都是在价值观驱动下去进行修复生态，同时履行企业社会责任，就像王召明所说，蒙草生态只要

社会责任：企业发展的助推剂

在运营，就在履行企业社会责任。不过，截至2018年9月，他们尚未把企业社会责任上升到战略层面来推动蒙草生态的发展。

随着生态修复行业的竞争逐步加剧，企业社会责任战略能否为蒙草生态带来独特的竞争优势？

王召明正在积极布局蒙草生态的海外资产配置，他是否能借助企业社会责任战略推进其海外拓展？他应该如何借力企业社会责任战略？

蒙草生态也在积极改变客户结构，拓展非政府客户，甚至向个人市场延伸。2018年8月，蒙草生态在京东商城开设了旗舰店。在展开这一系列动作的同时，他们应该如何将企业社会责任变成一个正向推力？

8 蒙草生态：融合企业社会责任的生态修复者

附录 8-1 蒙草生态主要财务数据

年份	资产总额（单位：亿元）	营业总额（单位：亿元）	净利润（单位：亿元）	经营活动产生的现金流量净额（单位：万元）	筹资活动产生的现金流量净额（单位：万元）	现金及现金等价物净增加额（单位：万元）
2011	7	4.9	0.8	2 312.77	7 497.78	8 197.64
2012	13.2	6.3	1.3	−10 274.24	38 607.85	24 464.76
2013	17.7	7.5	1	−19 302.65	17 806.41	−10 465.55
2014	35	16.3	1.6	−6 401.62	51 553.46	9 898.80
2015	45.5	17.1	1.6	8 453.81	32 900.91	13 033.75
2016	70.2	28.6	3.4	10 567.56	76 732.99	48 523.89
2017	124.8	55.7	8.4	42 032.43	139 601.03	81 095.50

资料来源：蒙草生态。

附录8-2 蒙草生态与上市同行的比较

公司	总市值（万元）	总收入（LYR,万元）	总收入三年复合增长率（%）	净利润（LYR,万元）	净利润三年复合增长率（%）	ROE（%）
东方园林	2 787 406.84	1 515 127.59	49.44	217 792.17	49.81	21.25
铁汉生态	1 224 081.69	815 570.38	61.19	75 711.11	45.78	13.57
岭南股份	987 545.35	477 426.07	65.68	50 928.20	63.27	16.22
美晨生态	985 183.16	386 898.70	50.75	60 948.47	80.71	20.85
美尚生态	789 447.23	229 926.33	60.3	28 411.70	38.23	10.33
棕榈股份	733 083.83	522 469.60	2.48	30 427.36	−10.76	6.23
普邦股份	513 624.67	354 940.77	5.02	15 188.47	−27.46	3.21
文科园林	366 244.33	255 432.88	40.92	24 419.38	39.4	17.86
丽鹏股份	329 035.30	184 651.82	38.27	9 005.78	42.15	2.86
蒙草生态	835 810.12	556 721.07	52.25	84 398.22	71.69	26.29

资料来源：Wind数据库。

附录 8-3 2009—2017 中国生态修复上市企业前五名净利润走势

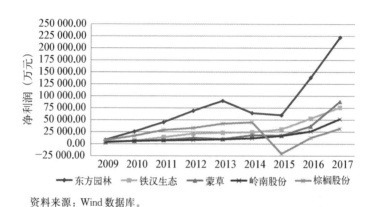

资料来源：Wind 数据库。

附录 8-4 蒙草生态的主要竞争对手

简介	主营业务	核心能力
东方园林 002310.sz 成立于1992年，2009年成为中国园林行业第一家上市公司。	园林设计、施工、苗木、养护全产业链；环境景观建设；市政工程、度假地产景观。	具备大型高端项目的承揽、设计和施工能力；以自主研发的河道治理及水生态修复专利技术为基础，开展具有广泛适宜性的集成功能性和景观性为一体的城市河道生态修复技术体系研究，探索搭建适宜的水文水生态环境监测系统和信息化平台。
铁汉生态 300197.sz 成立于2001年8月，2011年在深交所上市，为创业板首家生态环境建设上市公司。	园林绿化、生态修复、小城镇建设施工与绿化。	在抗逆植物选育和配置应用技术领域，形成从植物资源收集、引种驯化、新品种选育以及规模化人工繁育和应用为一体的植物开发利用技术体系，建立华南、西南、西北和北京区域植物资源圃，引种各类植物资源200多种，培育新品种1个；开发多种边坡乡土植物和种子采收利用技术，形成种子包产品，在边坡工程上规范应用；筛选适用于西北地区沙化土地治理及沙坡所需要的沙生种植植物及其配套的沙障技术等；筛选出苦草等多种沉水植物，获得整套种植、生产及工程应用体系。拥有跨区域施工和运营组织能力。

8 蒙草生态：融合企业社会责任的生态修复者

（续表）

简　介	主营业务	核　心　能　力
岭南股份 002717.sz 成立于1998年7月，2014年在深交所上市，也是国内园林行业第 6 家上市公司。	园林景观、植树造林、生态修复工程施工、土壤生态修复施工、文化旅游的规划设计、施工。	集水生态治理、景观规划设计、生态环境与园林建设、苗木培植与养护、生态环境科学研究为一体的全产业链集成运营能力。

资料来源：Wind 数据库。

附录8-5 截至2011年底蒙草的业务领域

分类	业务领域	代表性工程
自然生态环境建设	防沙治沙	乌海市甘德尔山治沙造林绿化工程
	荒山造林	鄂尔多斯东胜区荒山造林绿化和森林植被恢复工程
	河道治理	包头市昆都仑河综合治理园林绿化工程
	退耕还林	巴彦淖尔市乌拉特后旗2009年天然林资源保护、退耕还林和防护林工程
	盐碱地绿化改良	巴彦淖尔市乌拉特后旗巴音宝力格镇东南环景观带绿化工程
	矿山地质环境恢复治理	鄂尔多斯市神华准能露天矿排土场复垦工程
	边坡绿化保护	鄂尔多斯市杭锦旗独贵镇黄河护堤绿化工程
城市园林景观建设	城市中心区园林景观	内蒙古博物馆、乌兰恰特剧院园林景观建设工程
	房地产园林景观	呼和浩特麻花板山水新村住宅小区总体绿化工程
	企事业单位园林景观	中粮可口可乐厂区绿化工程

资料来源：蒙草生态。

8 蒙草生态：融合企业社会责任的生态修复者

附录 8-6　呼和塔拉草原的生态修复前后对比图

资料来源：蒙草生态。

附录 8-7 蒙草生态 2010—2017 年研发投入表

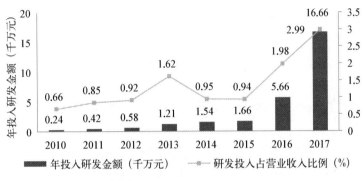

资料来源：蒙草生态年报。

8 蒙草生态：融合企业社会责任的生态修复者

附录8-8 蒙草生态营业收入构成

	2017年		2016年		同比增减
	金额（万元）	占营业收入比重	金额（万元）	占营业收入比重	
营业收入合计	557 889	100%	286 051	100%	95.03%
分行业					
生态环境建设	544 563	97.61%	265 936	92.97%	104.77%
农业种植与销售	9 431	1.69%	18 794	6.57%	−49.82%
光伏发电收入	2 055	0.37%	26	0.01%	7 789.61%
其他	1 838	0.33%	1 294	0.45%	42.01%
分产品					
工程施工	526 026	94.29%	250 149	87.45%	110.28%
苗木销售	4 430	0.79%	11 843	4.14%	−62.59%
设计收入	18 530	3.32%	15 579	5.45%	18.95%
牧草销售	5 001	0.90%	6 951	2.43%	−28.06%
技术服务	6	0.00%	207	0.07%	−97.27%
光伏发电	2 056	0.37%	26	0.01%	7 789.61%
其他	1 838	0.33%	1 294	0.46%	42.01%
分地区					
内蒙古自治区区内	444 946	79.76%	195 436	68.32%	127.67%
内蒙古自治区区外	112 943	20.24%	90 615	31.68%	24.64%

资料来源：蒙草生态年报。

附录8-9 蒙草生态和铁汉生态PPP项目收入对比

年份	项目	蒙草生态	铁汉生态
2016	PPP收入(亿元)	6.02	2.22
	占总营收比	21.05%	4.80%
2017	PPP收入(亿元)	21.43	约31
	占总营收比	38.41%	37.86%
2018H1	PPP收入(亿元)	9.55	23.14
	占总营收比	50.71%	46.86%

资料来源:Wind数据库。

8 蒙草生态：融合企业社会责任的生态修复者

附录 8-10 阿拉善盟生态修复 PPP 项目示例

阿拉善盟生态修复 PPP 项目建设总投资 23.9 亿元，项目实施机构为阿拉善盟林业局。项目大部分采用 BOT (Build-Operate-Transfer，即建设-运营-转让)模式，政府将存量资产运营权有偿转让给 SPV 公司，并由其负责运营、维护和用户服务，合同期满后资产及其经营权无偿移交给政府(见图 10.1)。

项目合作期限：建设期 2 年，其中第一年为新工养护期，运营期 13 年。

项目资本金：占总投资 20%，为 4.79 亿元，其中政府出资 4 768.71 万元(10%)，社会资本(蒙草生态)出资 4.31 亿元(90%)，项目采用政府付费。项目其他 80%投资通过融资取得。项目公司注册资本金：5 000 万元，政府出资 500 万元，社会资本出资 4 500 万元，出资时间按照股东协议约定执行。资本回报率：不高于 7%。政府付费方式：建设期计息不付息，各子项目竣工验收完成之日为该项目建设期结束日，次日进入运营期，于每个运营期绩效考核结束后 30 日内支付可用性服务费和运维绩效服务费。可用性付费在运营期第一年开始，运维绩效付费及考核在运营期第二年开始(运营期第一年为新工养护期)，新工养护期不付运维绩效服务费。政府付费总额(建设投资＋社会资本收益率＋运维绩效付费)49.23 亿元，其中，可用性付费额(建设投资＋社会资本收益率)37.23 亿元，运维绩效付费额 12 亿元。在这个项目中，尽管蒙草生态要出资 4.31 亿元，但由于蒙草生态同时也是项目施工方，因此能从 SPV 的 80%的融资中支取工程回款形成现金流收

社会责任：企业发展的助推剂

入。蒙草生态在SPV公司投资是其投资性现金流流出。这个现金流流出时，蒙草生态的工程已经取得一定进展，可以按节点收取一部分工程款，因此，当蒙草生态向SPV公司投资时，SPV公司向银行的融资也同步到达，此时，SPV公司可以向蒙草生态支付一部分工程回款。这样蒙草生态在这个项目上的资金流将大大改善。同时蒙草生态在运营期每年还能获得运维绩效付费1亿元。

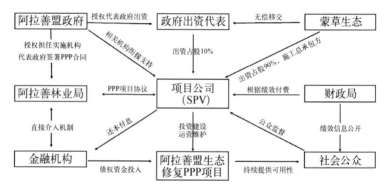

图10.1　阿拉善盟生态修复PPP项目结构图

资料来源：蒙草生态。

点评

CSR是企业可持续发展的动力
刘全芷*

蒙草生态的业务发展，是靠其原始价值观（尊重生态，师法自然，节约生态资源）驱动的。蒙草生态坚持初心，创造了企业和社会的共享价值。其每一步发展既源于市场需求，更符合CSR的持续履行，从而给企业带来了可持续的竞争优势。

通过这个案例的学习，我充分地领会到了CSR的履行并不与企业的发展规划，公司和股东的利益相违背。相反，从长期来看，企业社会责任的履行可以让商业和社会责任很好地互利互助，让社会、市场、客户、公司、股东形成共享价值圈。

很多时候，生态修复产业被认为是一种工业化商业，是一种对工业化发展后的修补行为，是一种伪"环境治理"。比如种树绿化某块区域，或者治理某条河流区域的排污，或者是治理空气污染，还有就是以上各种手段叠加的城市的环境综合治理。有些举措并未从自然环境的角度深入思考环境本来的"生态"，只是为做而做，追求应有的商业利益。

但是，文中的蒙草却不单单是在追求商业利益，而是通过对CSR的履行，真正把环境修复与社会责任相结合，找到一条兼顾社会责任和商业利益的成功模式。蒙草不断加大科研投入，对不同地区的环境进行大数据分析，给出因地制宜的治

---

* 上海拉慕电子商务有限公司创始人兼CEO。

社会责任：企业发展的助推剂

理解决方案，也让企业取得了长足的发展。当蒙草遭遇资金困难时，因为他们一直以来履行社会责任，所以属地政府和银行对他们给予了支持。

蒙草生态通过一己之力，不仅改善了我们的生态环境，还为地方创造了就业机会，帮助农牧民提高了营收。

从这个案例可以看出，CSR能够助力企业打造核心竞争力，而核心竞争力反映了客户长期最看重的价值，将CSR与企业的经营目标统一，有助于公司把握长期发展方向，实现可持续发展。

另外，蒙草还将CSR贯彻到企业运营的各个环节。例如，蒙草生态将企业社会责任实践融入技术研发环节，从而实现与利益相关者的共同发展。蒙草在研发方面的投资累计已经超过了7个亿，正是蒙草对生态打造适配乡土植物的执着，让过硬的技术成了蒙草的核心竞争力之一。哪怕在短期内蒙草的种草成本远远高于国外公司，但为了解决知识产权问题，他们放弃了短期利益，严格地履行着社会责任。它还将企业社会责任融入生产施工环节，不仅带来了更多的劳动力，也创造了更多的就业机会。蒙草与农牧民建立了利益联结机制，让农牧民可以以多重身份深度参与到蒙草生态的业务中来。

本案例的学习让我认识到：第一，从商业模式上来讲，应做到商业向善，形成利他商业，努力做一个比商业更高维度和更高境界的公司；第二，应当改变自己。企业对社会责任的意识和实践，一般都根源于企业家的社会责任感。因此，作为企业家，应该努力让自己成为一个有道德底线、具备匠心精神和契约精神的人。

中欧案例精选系列

书名	作者	价格
本土智慧：全球化企业与中国策略	中欧案例中心 编 忻榕 导读	45元
平台链接：生态圈与大数据应用	中欧案例中心 编 陈威如 导读	45元
转型之战：战略变革与互联网思维	中欧案例中心 编 张维炯 导读	40元
传承密码：东西方家族企业传承与治理	李秀娟 赵丽缦 编	48元
高效协同：供应链与商业模式创新	赵先德 王良 阮丽旸 编	55元
创业裂变：从0到1，从1到N	龚焱 钱文颖 编	48元
成长动能：构建组织与人才管理体系	韩践 张驰 郭萍 编	48元
社会责任：企业发展的助推剂	芮萌 朱琼 编	48元
社会创新：可持续发展模式及融资困境	赵丽缦 庄汉盟 李尔成 编	42元

图书在版编目(CIP)数据

社会责任:企业发展的助推剂/芮萌著,朱琼编. —上海:复旦大学出版社,2020.1(2024.4重印)
(中欧经管图书.中欧案例精选)
ISBN 978-7-309-14756-8

Ⅰ.①社… Ⅱ.①芮…②朱… Ⅲ.①企业责任-社会责任-研究 Ⅳ.①F272-05

中国版本图书馆 CIP 数据核字(2019)第 255472 号

社会责任:企业发展的助推剂
芮 萌 朱 琼 编
责任编辑/方毅超

复旦大学出版社有限公司出版发行
上海市国权路 579 号 邮编:200433
网址:fupnet@fudanpress.com http://www.fudanpress.com
门市零售:86-21-65102580 团体订购:86-21-65104505
出版部电话:86-21-65642845
上海盛通时代印刷有限公司

开本 890 毫米×1240 毫米 1/32 印张 8.25 字数 264 千字
2020 年 1 月第 1 版
2024 年 4 月第 1 版第 4 次印刷

ISBN 978-7-309-14756-8/F·2656
定价:48.00 元

如有印装质量问题,请向复旦大学出版社有限公司出版部调换。
版权所有 侵权必究